イランの本心

アメリカには見えない

ハメネイ師守護霊・ソレイマニ司令官の霊言

大川隆法
Ryuho Okawa

JN081968

まえがき

全く驚くべき現実である。年明け早々、米軍が深夜一時二十分頃、イラク国内を車で移動中の、イランの最高指導者直属のソレイマニ司令官を上空のドローンから攻撃して殺害した。そのソレイマニ司令官の遺体がイラク国内からテヘランに向けて移動中に、わずか一日ほどで司令官の霊は就寝《しゅうしん》に入ろうとしていた東京の私のもとを訪れたのである。この事実は、翌日の一月五日、東京正心館から全国衛星中継された私の「『鋼鉄の法』講義」で言及された。イランは三日間の喪《も》に服《ふく》し、司令官の棺《ひつぎ》を埋葬する時、彼が攻撃を受けた同時刻に米軍基地等に、短距離弾道ミサイル十数発を発射した。

これは、本書第2章に収録したイランの最高指導者ハメネイ師の守護霊が真夜中に私の所においでになって予言した、二十四時間ほど後だった。

私はソレイマニ氏にも、ハメネイ師にも、不屈《ふくつ》の信仰と揺るがない心を感じたと同時に、涙した。

アメリカのトランプ大統領は、おそらく、テロリストの親玉を暗殺し、イラクやイランの民衆から、解放者として歓迎されると思っていたのではないか。

イランと日本との間に結ばれた、一本の信仰の命綱《いのちづな》を大切にしつつ、現在にらみ合っている両国に、相互理解を進めるよう切に求めたい。

緊急出版する本書から、アメリカには見えず、日本人の大多数も理解できない「イランの本心」を読み取ってほしいのだ。必要なのは「理解」であって、「戦争の泥沼《どろぬま》」ではない。

二〇二〇年　一月十日

幸福《こうふく》の科学《かがく》グループ創始者兼総裁《そうししゃけんそうさい》　大川隆法《おおかわりゅうほう》

アメリカには見えない　イランの本心　目次

第1章　ソレイマニ司令官の霊言《れいげん》

二〇二〇年一月四日　収録
幸福の科学 特別説法堂《せっぽうどう》にて

第2章　ハメネイ師守護霊《しゅごれい》の霊言

二〇二〇年一月七日　収録
幸福の科学 特別説法堂にて

「霊言現象《れいげん》」とは、あの世の霊存在の言葉を語り下ろす現象のことをいう。これは高度な悟《さと》りを開いた者に特有のものであり、「霊媒現象《れいばい》」（トランス状態になって意識を失い、霊が一方的にしゃべる現象）とは異なる。外国人霊の霊言の場合には、霊言現象を行う者の言語中枢《ちゅうすう》から、必要な言葉を選び出し、日本語で語ることも可能である。

なお、「霊言」は、あくまでも霊人《れいじん》の意見であり、幸福の科学グループとしての見解と矛盾《むじゅん》する内容を含《ふく》む場合がある点、付記しておきたい。

第1章　ソレイマニ司令官の霊言《れいげん》

二〇二〇年一月四日　収録
幸福の科学　特別説法堂《せっぽうどう》にて

ガセム・ソレイマニ（一九五七～二〇二〇）

イランの軍人。ケルマーン州ラバル郡に生まれる。一九七九年、イラン革命防衛隊に入隊。一九八〇年代のイラン・イラク戦争で軍功をあげ、三十歳《さい》にして革命防衛隊第41師団の司令官に任命される。さらに、革命防衛隊の特殊《とくしゅ》部隊であるコッズ部隊の司令官に就任し、イラクやシリアでのイランの軍事作戦を指揮した。イランでは国民的英雄《えいゆう》として知られ、最高指導者ハメネイは「革命の生きる殉教者《じゅんきょうしゃ》」と評した。二〇二〇年一月、アメリカ軍のドローン攻撃《こうげき》を受け逝去《せいきょ》。

質問者

大川紫央《おおかわしお》（幸福の科学総裁補佐《ほさ》）

［役職は収録時点のもの］

１　イランが行《おこな》っているのは「防衛戦」

アメリカに殺害されたイランの司令官の霊《れい》が現れる

（背景に、ジョン・レノン霊《れい》より賜《たまわ》った大川総裁の新曲「Wanderer《ワンダラー》」がかかっている）

大川紫央　顔がしかめっ面《つら》になっていますが。

（約十秒間の沈黙《ちんもく》）ジョン・レノンが好きな人？　嫌《きら》いな人？　今、苦しい人？　……苦しい。それはどうして苦しいんでしょう。

ソレイマニ司令官　殺されたから。

大川紫央　あららららら。イランの……。

ソレイマニ司令官　はあ（ため息）。ソレイマニ。

大川紫央　参謀《さんぼう》……、隊長ですか。

ソレイマニ司令官　司令官、か。

大川紫央　亡《な》くなって、ご遺体が、今、バグダッドからイランに向かっていますが。

●殺されたから　イランのソレイマニ司令官は、本霊言収録前日の2020年1月3日にアメリカ軍のドローン攻撃によって殺害された。なお、2019年12月14日収録のロウハニ大統領守護霊の霊言では、「アメリカが、1月か2月ぐらいに突然、攻撃をかけてくる可能性がある」と示唆されていた。『イギリス・イランの転換点について』（幸福の科学出版刊）参照。

ソレイマニ司令官　クウウウウッ！　死体はね。心はこっちに来た。

大川紫央　どうしてでしょう。

ソレイマニ司令官　迷惑《めいわく》かけて、申し訳なかった……。

大川紫央　いえいえ、今……。

ソレイマニ司令官　上の……、最高指導者や大統領からは……。

大川紫央　ハメネイさんとロウハニさん。

●最高指導者や大統領からは……　2019年６月以降、複数回、ハメネイ師とロウハニ大統領の守護霊の霊言を行っている。『日本の使命』『リーダー国家 日本の針路』『イランの反論　ロウハニ大統領・ハメネイ師 守護霊、ホメイニ師の霊言』『イギリス・イランの転換点について』（いずれも幸福の科学出版刊）参照。

ソレイマニ司令官　聞いていたので。ええ。あなたがたのこと、聞いていたので、ずっと。

「われらがやっていることは防衛戦。テロリストじゃない」

大川紫央　アメリカのほうは、あなたがアメリカの要人等を数百人殺す計画だったから、あなたを殺したと言っていますけれども。

ソレイマニ司令官　まあ、それは言いがかりですね。だって、実際に侵略《しんりゃく》に来てるのは向こうでしょう？　私たち、軍隊送ってない。

大川紫央　うーん、そうですね。

ソレイマニ司令官　うん。だから、侵略に来ているのは向こうで。サウジアラビアに軍事基地を持ち、イスラエルと同盟し、イラクを占領《せんりょう》しているアメリカがイランを狙《ねら》っていて、攻撃《こうげき》の口実を探しているでしょう？

大川紫央　そうですね。

ソレイマニ司令官　だから、来ているのは向こうであって、われらがやってることは、これ、「防衛戦」なんで。

大川紫央　そうですね。

ソレイマニ司令官　国を護《まも》ろうとしてやってるんで。そのなかにはゲリラ行動もあるよ、そりゃあね？

大川紫央　うーん。

ソレイマニ司令官　イラクなんかのシーア派？　イランと同じ考えを持っている、イラクのなかの人たちと連絡《れんらく》を取り合ったり、武器を供与《きょうよ》したり、一緒《いっしょ》に戦おうとして、連絡を取り合ってることはあるよ。

大川紫央　なるほど。はい。

ソレイマニ司令官　でも、われらはテロリストじゃないよ。だって、国を滅《ほろ》ぼし

●シーア派　イスラム教の二大宗派の一つ。指導者の血統を重視する。もう一つの宗派であるスンニ派は、ムハンマドの言行録である『ハディース』を行動規範として重視する。イスラム教徒全体では、スンニ派が８割以上を占め、シーア派は少数派だが、イラン、イラクではシーア派が多数。

に来てるから、護るのは司令官の仕事で。

大川紫央　防衛する。うんうん。

ソレイマニ司令官　私は、「大統領」と「最高指導者」を護るのが仕事だから、そういう仕事はするよ。

でも、これは、ほかの国に置き換《か》えても、別に「悪」じゃあないと思うよ。

2　アメリカの狙《ねら》いの分析《ぶんせき》

アメリカは中東を自国の一州にしたい

大川紫央　おそらく、北朝鮮《きたちょうせん》などとあまり変わらないと思われているのでしょうかね。

ソレイマニ司令官　うーん……。だけど、現実には、北朝鮮は目に見えるかたちでミサイルをボンボン撃《う》っているよ。

大川紫央　そうですね。

ソレイマニ司令官　うん。「韓国《かんこく》や日本や、その他、アメリカ本土も狙《ねら》う」と言って、ミサイルをつくっているよ。

そこには何もしないで「友達」って言ってて、ミサイルをつくらせない〝うち〟には「テロリストだ」と言って踏《ふ》み込《こ》んでくるだろ? 弱いものならいじめて、向こうが反撃《はんげき》能力が強くなったら「友達だ」と言って懐柔《かいじゅう》しにかかるね。

だから、イスラムの考えから見れば、こういうのは正義とは思えない。

大川紫央　はい。

まあ、アメリカでは、アジアの危機を救うよりも中東に向かったほうが分かりやすいというか、票にはつながるでしょうね。

ソレイマニ司令官　ヨーロッパも関心を持つしね。うーん。そういうことでしょうね。因縁《いんねん》があるからね。

ブッシュは、親大統領、息子《むすこ》大統領と、二回、戦争を仕掛《しか》けてるからね。クウェートからイラクね。さらにまた「残党狩《が》り」したいんだろうからね。統治したいんだろ、本当はイスラム圏《けん》全体をね？

大川紫央　うーん。なるほど。

ソレイマニ司令官　そう思ってるんだろう？　そのいちばんの敵がイランだからね。サウジアラビアは言うことをきく。イラクもだいたいにおいては言うことをきく。まあ、今、怒《おこ》ってるイラク人はたくさんいるけどね。だけど、あと、シリアも〝泥《どろ》んこ〟状態？　シリアのも〝引っ張り合い〟しているからね。

大川紫央　うーん。

ソレイマニ司令官　あとは、アメリカにもなびくヨルダンや、ヨーロッパとアメリカの関係上、難しいトルコもあるしねえ。だから、イスラエルを護《まも》るためにわれわれの〝牙《きば》〟を抜《ぬ》こうとしてるんだと。一点に絞《しぼ》ればそういうことだろ?

大川紫央　やはり、ネタニヤフ氏なんですね。

ソレイマニ司令官　まあ、ネタニヤフかどうかは知らんが、イスラエルという国を、アメリカの「一省」のようにしたいんだろ?　たぶんね。

大川紫央　ああ、なるほど。

ソレイマニ司令官　まあ、「州」か。アメリカの「中東州」にしたいんだと思う。われらはね、イスラム教の起きたサウジアラビアが、ね？　メッカがあるサウジアラビアに米軍基地があるっていうことには非常に不快感を持っているんだけどね。

戦争する気があるのは、「イラン」ではなく「アメリカ」

ソレイマニ司令官　まあ、貿易とかはいいとしてもね、「軍事基地が常時駐屯《ちゅうとん》している」っていうことは、「中東を支配する野心はいつも持って、きっかけを探している」っていうことだろう？

大川紫央　なるほど。

ソレイマニ司令官　だから、日本にも仲介《ちゅうかい》、頼《たの》んだのになあ。

大川紫央　うーん。

ソレイマニ司令官　だけど、安倍《あべ》さん、できないし。

われらは日本のタンカーを襲《おそ》うこと、絶対ありえないので。これは濡《ぬ》れ衣《ぎぬ》で、「仕掛けられた」と思ってるよ。どうせＣＩＡあたりが考えた作戦だろうけどさ。ほんとに悪い。安倍さんが来てるときに日本のタンカーをドローンで攻撃《こうげき》するとか、ミサイルで攻撃するとか、そのあと、サウジアラビアのタンクを攻撃するとかさ、こういう目に見えて分かりやすすぎる攻撃はしないよ。

うーん。だからねえ、戦争する気があるんだと思う。

大川紫央　おそらく、革命部隊自体がすでにアルカイダみたいな扱《あつか》いにされているように見えますね。

ソレイマニ司令官　だから、たぶん、「軍事組織」および「防空組織」とかを、イラクと同じように、完全に徹底《てってい》的に破壊《はかい》する気はあると思うよ。そして、ホメイニ以降の〝反革命〟、「反パーレビ体制」を三代で潰《つぶ》して、そして親アメリカの傀儡《かいらい》政権を立てることが目的だね。

ホメイニ革命をどう判断すべきか

大川紫央　ホメイニ革命は、ここに来てどう判断すればいいのですかね。単なる昔返りだったのか。

ソレイマニ司令官　「大政奉還《たいせいほうかん》」だよ。天皇に返したようなものだから。

大川紫央　ああ。それで、宗教指導者が上に立って。うーん。ただ、イランの側も……。

ソレイマニ司令官　その前は、ヨーロッパ化、アメリカ化するという動きが、だいぶ進んできてててね、このままではイスラム教の文化が滅《ほろ》びると思って、反革命、起こして。パーレビは、親アメリカで進んでいたんでね。

大川紫央　西洋化されるということですね。

ソレイマニ司令官　そう、そう、そう。そうしたら、イランの伝統文化も宗教も全部、いちおう破壊されるからね。

だから、彼らが狙ったのは、あの黒装束《くろしょうぞく》を着ているイランの女性たちが、ミニスカートをはいて色とりどりにして、いろんな男とセックスしたり、離婚《りこん》したりくっついたりして、酒を飲んで、遊べる国にしようとしてるんだろう？

大川紫央　うーん、うん。

ソレイマニ司令官　だから、それは、それがいいと思っている国があることは認めるよ。そういう人たちはそういう国に住めばいいさ。だけど、そういうのがね？　伝統破壊になる場合もあるからね。

大川紫央　もし、今、イランの経済が、制裁等もなくて、きちんと機能していたら、今のようにデモは起こらないのですかね。

ソレイマニ司令官　それは、経済制裁によって起きているデモですから、いちばんは。

大川紫央　まあ、いちばんはそうですよね。

ソレイマニ司令官　ただ、デモの矛先《ほこさき》は、今、変わりつつあって、「政府を責める気持ち」もあるが、「アメリカに対する怒《いか》り」も盛り上がってるから、これ、どういう決着になるかは分からない。

大川紫央　はい。なるほど。

イランの司令官が、死んだ直後に日本に現れる不思議

大川紫央　亡《な》くなってから一日……？

ソレイマニ司令官　〝あっち〟で殺されて、ドローンで殺されて、〝日本の東京に司令官が来てる〟っていうことは、まあ、不思議だろ？

大川紫央　これは、誰《だれ》かから何らかの介在があったりしましたか。

ソレイマニ司令官　つなぎは、そりゃ、霊的《れいてき》にはつながってる。霊流《れいりゅう》がつながってるからさ。

大川紫央　亡くなったときはどうでしたか。その……。

ソレイマニ司令官　そらあ、死んだら痛いよ。

大川紫央　痛いですよね。

ソレイマニ司令官　痛いけどさあ、いや、それは軍人だから、覚悟《かくご》はしているけどね。

「トランプさんの価値観に偏向《へんこう》がある」

大川紫央　いや、私たちもたいへん悲しく見てはいるのですけれども。どうにか話し合いでアメリカとの間も……。

ソレイマニ司令官　早かったねえ。

大川紫央　早すぎますね。

ソレイマニ司令官　ほんとに早いねえ。

大川紫央　でも、アメリカは中間選挙等もあるので。

ソレイマニ司令官　主とした原因は、イラクにあるアメリカ大使館前に、シーア派中心のデモ隊が四、五千人行ったっていうのを見て、もう、脅《おど》そうとしたと。

大川紫央　はい、はい。

ソレイマニ司令官　だから、おかしいのは、「民主主義」と言ってるけど、デモをやったら、司令官を空爆《くうばく》してきたんだから、ちょっと違《ちが》うでしょ。これだけ見ればね、中国と変わらないから。

大川紫央　（笑）なるほど。逆の立場で見れば。

ソレイマニ司令官　まったく一緒《いっしょ》だよな？　で、香港《ホンコン》デモを見たら、殺しに来るんだったら、ねえ？

だから、トランプさんの価値観にちょっと偏向《へんこう》があるんだと思うけどね。

大川紫央　うーん、うーん。

ソレイマニ司令官　宗教的には、やっぱり、ある意味で偏向……。

大川紫央　やはり、イヴァンカ夫妻なども関係があるのですかね。それとも……。

ソレイマニ司令官　娘《むすめ》がね。まあ……。

大川紫央　でも、トランプさん自体も（過去世《かこぜ》等で）ユダヤ教と縁《えん》がありそうな雰囲気《ふんいき》ですものね。

ソレイマニ司令官　うーん、まあ、娘さん夫妻は、そりゃ、大きいは大きいんだろうけどねえ。

「中東を攻撃《こうげき》したほうがいいというユダヤ人ばかりではない」

ソレイマニ司令官　まあ、でも、ユダヤ人だからって全部……、アメリカにユダヤ人もいるけど、そんな、「中東を攻撃《こうげき》したほうがいい」というユダヤ人ばっかりじゃあないよ、全然ね？

大川紫央　そうですね。好戦的な今のイスラエルに反感を持っているユダヤ系アメリカ人もけっこう多いですよね。

ソレイマニ司令官　……もいるし、それから、今、アメリカにいるイラン人たち、何万かいると思うが、これから、みなテロリスト扱いされて。

大川紫央　そうですね。また差別が始まるかも。

ソレイマニ司令官　そうとう苦しい……、いろんな人が逮捕《たいほ》されたり、殺されたりすることになると思うがねえ。

だからねえ、うーん……、まあ……、そらあ、軍事力ではたぶん勝てない、勝てるはずがないから、アメリカに何か一矢報《いっしむく》いれるかどうかだけしかないだろうと思うがのう。向こうの何かを、飛行機を墜《お》とすとかね、戦車を潰すとか、ちょっとしたものしか、ほんとに……、アメリカ国籍《こくせき》の何かを攻撃するとかぐらいしか、できることはもうないがなあ。

ただ、まあ、イラン人の怒りは収まってない。

3　死後の様子

幸福の科学とのつながりで、日本の仲介《ちゅうかい》を期待していた

大川紫央　あなた様は、まあ、今回、爆撃《ばくげき》で突然《とつぜん》だったところもあるのですけれども、普通《ふつう》の死に方ではないので〝あれ〟なんですけれども、まあ、一日ぐらいは時間がたちましたでしょうか？

ソレイマニ司令官　そんな感じかな。

大川紫央　霊魂《れいこん》は信じていらっしゃると思いますが……。

ソレイマニ司令官　当たり前でしょう。

大川紫央　そうですよね。どうでしょう、誰《だれ》かお会いしましたか、霊人《れいじん》と。

ソレイマニ司令官　うん、まあ、それは、中東の霊人はたくさんいるけど、最近、大統領と最高指導者が、こちら、幸福の科学と交流なされていたし、大統領は、この前、「大川隆法師からお土産《みやげ》をもらった」って言っていましたから。まあ、つながりで、何とか日本が仲介《ちゅうかい》に入ってくれないかと期待してた矢先だったんで。

大川紫央　ごめんなさいね。私たちにもう少し力があれば、お力になれたかもしれないですけれども。

ソレイマニ司令官　日本がねえ、イランを攻撃《こうげき》しなきゃいけない理由は何にもないからねえ。決してないから。宗教は違《ちが》っても、商売はしてたし、イランが、黒《くろ》装束《しょうぞく》を着てても、酒を飲ませなくても、でも、日本人は、「それは風習だ」と思って、割り切ってやっていたからねえ。

アメリカは、全部アメリカンスタイルでなきゃ、コカ・コーラが飲めて、スタバが飲めなきゃ駄目《だめ》なんだろう。同じように全部したいんだろうけどさ。

魂的《たましいてき》には日本と深い縁《えん》がある

大川紫央　天国には還《かえ》れそうですか。この状況《じょうきょう》だったら……。

ソレイマニ司令官　今は、こんな状態だから、ちょっとよく分からないけど、まあ、しばらく、それは、祖国の行方《ゆくえ》は……。

大川紫央　心配ですよね。

ソレイマニ司令官　心配だから、そんな簡単に〝スッと〟っていうわけにはいかないだろう。

ただ、聞いたら分かると思うが、私は、それほど邪心《じゃしん》があったわけではないんで。

大川紫央　そうですよね。祖国防衛の気持ちですよね。

ソレイマニ司令官　イランでは英雄《えいゆう》だったんでね？　私が悪人なら、アメリカの国防長官やＣＩＡ長官も悪人でしょうから。だけど、国のために働いてるんでしょうから、彼らもね。

大川紫央　日本語もペラペラ話せて。

ソレイマニ司令官　そうなのよ。だから、みんな、けっこう日本に縁《えん》のある人が多いからね。

大川紫央　あなた様も縁があります？

ソレイマニ司令官　ああ、まあ、死んだばっかりだから、あんまり……。

大川紫央　分からないですか。

ソレイマニ司令官　そこまで言うのは〝あれ〟だけど、「日本の武士」の経験はあるね。

大川紫央　なるほど。では、本当に、霊流《れいりゅう》としては深い縁があるのですね。

ソレイマニ司令官　あると思うよ。中東は、長らくエローヒム●が見てたからねえ。日本にも、だいぶ、魂的《たましいてき》に引っ越《こ》しししていってるんだよね。

●エローヒム　地球系霊団の至高神であるエル・カンターレの本体意識の一つ。約１億５千万年前、今の中東に近い地域に下生《げしょう》し、「光と闇の違い」「善悪の違い」を中心に、智慧を示す教えを説いた。イスラム教の最高神・アッラーと同一の存在。『信仰の法』（幸福の科学出版刊）等参照。

4

独立国家としてのイラン

「文明の落差」を認め、自由化を進める動きが出てきていた

大川紫央　「アッラーはどう考えていらっしゃるか」と?

ソレイマニ司令官　だから、アッラーは困るでしょうね。

大川紫央　トス神とアッラーのお考えは違《ちが》うのでしょうか。

ソレイマニ司令官　どうしようかねえ。だけど、まあ、はっきり言えば、「文明

●トス神　約1万2千年前、アトランティス文明の最盛期を築いた大導師。宗教家、政治家、哲学者、科学者、芸術家を一人で兼ね備えた超天才であり、「全智全能の主」と呼ばれた。地球神エル・カンターレの分身の一人。現在、北米の霊界を司っている。『太陽の法』(幸福の科学出版刊)等参照。

の落差」を言っているんでしょう？

大川紫央　そうですね。

ソレイマニ司令官　「文明的に、アメリカ文明とヨーロッパ文明のほうが優位だ」と。今はね、上だから。イスラムのほうが上だったときもあるけど、今は向こうが文明として進んでいることを認めるよ、私たちも。

大川紫央　イスラム教自体のなかにも、時代が滞《とどこお》ってしまっていて、現代に合っていないところがあるので、そこのイノベーションをしなければいけないところですよね。

ソレイマニ司令官　いや、それは、少し動きは出ていたんだがね。

大川紫央　出てきているんですけど……。

ソレイマニ司令官　ちょっと、ややね、そういう自由化を少し進める動きが出てきてはいて。まあ、彼らから見たら、すごい遅《おそ》いんだろうけどね。ちょっと変えようかとはしていたけど、遅いから、そんなことするぐらいなら、上の指導者を殺したほうが早いと思ってるんでしょ。

これはもう、「インディアン狩《が》り」とほとんど一緒《いっしょ》だね。アメリカはインディアン狩りの伝統があるからね。だから、たぶん、われわれはインディアン扱《あつか》いなんで。有色人種をやっぱり差別してるね。

大川紫央　ハメネイさん（の守護霊《しゅごれい》）も、「今、上を殺したところで、イラクと同じ感じになって、国として安定したものにはならないだろう」と。

ソレイマニ司令官　まあ、長く居座《いすわ》られるから。「ローマ法王じゃあるまいし、長くいられてはたまらない」ということで殺してしまって、選挙で選ぶ、四年制とか、任期制にしたいんだろう？　たぶんな。そうしないと権力が集中しすぎると見ているんだと思う。

アメリカが「北朝鮮《きたちょうせん》」よりも「イラン」を先にした理由

大川紫央　スンニ派とシーア派でも仲が悪いですしね。

ソレイマニ司令官　そうだねえ。そこをつけ込《こ》まれたね。

大川紫央　やはり、そういうのはなかったらよかったですね。まあ、分かれてもいいけれども……。

ソレイマニ司令官　うーん、まあ、国が分かれてるからねえ。

大川紫央　そこまで仲が悪くなければ、もう少し、中東でまとまれたのかもしれないですけれども、そこがバラバラだから、西洋社会にとったら、ちょっと〝あれ〟でしたかね。

ソレイマニ司令官　だから、アメリカのほうの味方をしたイスラム教国の油だけが売れるんです。

大川紫央　ああ。

ソレイマニ司令官　世界で売れるんで。あちらはねえ、「大儲《おおもう》け」なのよ。私たちのほうは儲からなくなる。まあ、はっきりしてるね。戦略物資だから、油はね。でも、まあ、うちが、国連に今、訴《うった》えてるのはね、「やっぱり、独立国家としての自衛権はある」って、国連に訴えてて。

国連の事務総長も、それはそのとおりだと言ってはいるんでねえ。だから、「イランが独立国家でない」ということは認められない。

「核《かく》のエネルギー開発が、いずれ核兵器をつくって、イスラエルを攻撃《こうげき》するだろうと思って」っていうところなんだろうけどね。

北朝鮮《きたちょうせん》が止められなくなったから、そうならないように、先にやってしまえっていうことで。あっちがあとになってる理由は、そういうことでしょ。（約五秒間の沈黙《ちんもく》）放置すれば、核ミサイルをつくると見ているからでしょ。（約五秒間の沈黙）われわれは、燃料だけなら、別に、石油があるから、やれなくはないいんだけどねえ、それはね。ないことはないいんだけども。

大川紫央　「9・11」をやってしまったから、一般《いっぱん》のアメリカ国民にも、中東への嫌悪《けんお》感というのですかね……。北朝鮮に対しては、日本にとっては、遠い国でないから、こちらのほうが危機なのですけど。

ソレイマニ司令官　うん。

大川紫央　中東から石油が運ばれなくなっても、けっこうな危機ですけど。

ソレイマニ司令官　うん、あそこはねえ。だから、ヨーロッパは、まあ、うーん……。中国なんかは今、石油をいちばん買ってはいるけど、ヨーロッパも買っているし、日本も買っているからねえ。アジアのほうにも行くから、あそこは、やっぱり、まだ大きいわね。

大川紫央　うーん。

ソレイマニ司令官　いや、アメリカに独自のもあるから、まあ、どういう考えかは知らんけど、もう、石油地帯を押《お》さえたいんかね。

あと、イスラム教の広がってるところは、どこも貧しい国ばっかりだからね。

大川紫央　はい。

ソレイマニ司令官　一部、産油国で豊かだった国があるけど、あとは貧しい国ばっかり。アフリカとかね、みんなね、中央アジア辺もみんな貧しい。まあ、砂漠《さばく》みたいなところばっかりで広がってるからねえ。確かに、共産主義と同じような生活レベルのところばっかりだけどねえ。

イラン・イラクは偉大《いだい》な国だという誇《ほこ》りを持っている

大川紫央　ホメイニ革命のあとに生まれられているのではないですか。

ソレイマニ司令官　はい。

大川紫央　それでいいのでしたよね?

ソレイマニ司令官　かなあ。うーん。

大川紫央　あっ、でも……。

ソレイマニ司令官　うん、いやあ、そうでもないかも。

大川紫央　はい、そうでもないですね。

ソレイマニ司令官　うん。

大川紫央　でも、そのホメイニ革命のあとのイランで活躍《かつやく》をなされていましたけれども、生まれてくる前に計画していたこととというか、何か目的を持って生まれられたのではないかと思うのです。亡《な》くなった直後で申し訳ないですけれども。

ソレイマニ司令官　うん、まあ、霊的に見れば、それは、宗教的には、日本で言や京都みたいなもんだからね、うん。世界的に見て、日本の京都・奈良《なら》に当たる。地球儀《ちきゅうぎ》的に見れば、そういうところがイラン・イラクですから。

大川紫央　「イスラム教以前から」ということですよね。いろいろな宗教の……。

ソレイマニ司令官　そうですねえ。
いや、私たちは、だから、あちらのイスラム教じゃなくて、その……。

大川紫央　ゾロアスター。

ソレイマニ司令官　いや、いや、いや、いや、いや、いや。いやあ、ユダヤ教？

大川紫央　はい。

ソレイマニ司令官　ユダヤ教以前からのペルシャの文明を引き継《つ》いでいますからねえ。

だから、偉大《いだい》な国だと、みんな思ってるのよ。伝統には誇《ほこ》りがあるのよ。「中国五千年の歴史」って言ってる。私たちは……。

大川紫央　もっと前で。

ソレイマニ司令官　六千年以上あるのは、確実にあるから。

大川紫央　（笑）確かに。

ソレイマニ司令官　人類の文明の発祥《はっしょう》、まあ、アフリカという説もあるけど、はっきりとした「実用文明」の発生は、私らあたりからだと思ってるから。だから、イラン・イラクを中心に、チグリス・ユーフラテス周りに発展した宗教が、たぶん、「世界文明の始まり」だと、われらは誇りを持っているからねえ。

大川紫央　確かに。まあ、そうですよね。きっと、古い歴史がたくさんありますからね。

日本には強い絆《きずな》を感じている

ソレイマニ司令官　でしてねえ。トランプさんねえ、まあ、仲いいらしいからきつくは言えないけど、トランプさん、エローヒムを知らないでしょ。

大川紫央　知らない可能性が高いです。

ソレイマニ司令官　われわれはエローヒムを知ってるよ。エローヒムは中東の神様でやってたから。

大川紫央　やはり、知らないでしょうか、トランプさん。

ソレイマニ司令官　知らないと思うよ、エローヒムは。

大川紫央　なるほど。

ソレイマニ司令官　たぶん知らない。だから、「われわれの神は世界神だ」っていうことを、やっぱり知らない。

大川紫央　アッラーからエローヒムにつながっているということは、あなた様も知っています。

ソレイマニ司令官　いやあ、エローヒムをそのままお呼びするのは畏《おそ》れ多いので。

大川紫央　はい。「アッラー」と。

ソレイマニ司令官　「アッラー」と呼んでるだけで。

大川紫央　はい。そうですよね。

ソレイマニ司令官　古代では日本とも交流があったのも知ってるから。日本文明とも交流はあったんで。ムハンマドも日本と関係あるでしょ。知ってるよ。うん、それは知ってる。だから、私たちは、もう、「強い絆《きずな》」を感じている。

日本がねえ、先の大戦で勝っておればねえ、われわれの位置づけはだいぶ変わったものになった。ヨーロッパは没落《ぼつらく》してるし、アメリカも弱っているはずだからね。だいぶ変わったものになっただろうにね。

大川紫央　でも、勝ったら、もしかしたらエル・カンターレは日本に下生《げしょう》できなかったかもしれません。

ソレイマニ司令官　いや、何らかのかたちで、それはできてますよ。何らかの……。

大川紫央　迫害《はくがい》されたかもしれません。

ソレイマニ司令官　いやいや。〝大日本共栄圏《けん》〟がアジア全体に広がってますので、どこに生まれることも可能ですから。

●エル・カンターレ　地球系霊団の至高神。地球神として地球の創世より人類を導いてきた存在であるとともに、宇宙の創世にもかかわるとされる。エル・カンターレの本体意識は、3億3千万年前に「アルファ」、1億5千万年前に「エローヒム」として地上に降臨《こうりん》し、さらに現代日本に大川隆法として下生《げしょう》している。『太陽の法』『信仰の法』(前掲)等参照。

大川紫央　天皇家に生まれたらよかったのでしょうか。

ソレイマニ司令官　まあ、どっかに生まれるかは考えるべきでしょうけどね。あなた様も中東におられたと聞いてますから、昔。

大川紫央　はい。ありがとうございます。

ソレイマニ司令官　死んですぐにねえ、これ、葬式《そうしき》まだこれからなのよ。

大川紫央　（笑）

ソレイマニ司令官　三日間ね、喪《も》に服す、イランは。

大川紫央　そうですね。

ソレイマニ司令官　「喪に服す」といって……。「葬式」なのよ。

大川紫央　明後日《あさって》（一月六日）、テヘランに帰ります。

ソレイマニ司令官　うん、帰るんで。これから葬式なのに、こっちで霊言《れいげん》してしまってる。申し訳ない。

でも、トランプさん（の守護霊）、まだ日本語しゃべれないでしょ。私、日本語しゃべれるよ。

大川紫央　トランプさんは、片言なら話せるけれども……。総裁先生が仲介《ちゅうかい》しているからでしょうか。でも、あなたほどペラペラではないですね。

ソレイマニ司令官　ええ、だから、これ、どれほどイランが日本に近いか、分かるでしょ。

大川紫央　（笑）そうですね。

ソレイマニ司令官　だから、〝片想い〟なのよ。

5　アメリカの最終目標とは

国連常任理事会にイスラム教国が入っていないのは不平等

大川紫央　では、イランの方といいますか、日本に向けてでもいいのですけれども、メッセージがおありでしたら……。

ソレイマニ司令官　いやあ、それはね、イニシアチブは、アメリカがほとんど握《にぎ》ってるからね。イランは、最高指導者も大統領も、復讐《ふくしゅう》、報復を辞さないということを、みんな言ってくれるけど、実際上、戦ったら、もうそれは〝イラク状態〟になることは分かってはいるからねえ、これは。

大川紫央　みんな分かっているんですよね。

ソレイマニ司令官　それは分かってるよ。

大川紫央　でも、伝統や文化を壊《こわ》したくないというところはあるんですよね。

ソレイマニ司令官　うん。「独立国家としての主権はないんでしょうか」ということを言ってるわけ。

国連が、そういうイスラム教国の味方は、誰《だれ》も……。国連常任理事会にイスラム教国は入ってないからねえ。

大川紫央　本当ですよ。常任理事国に入っていないですもんね。

ソレイマニ司令官　入ってない、入ってないからねえ。

大川紫央　不平等です。

ソレイマニ司令官　不平等ですよ。入ってないからねえ。「イスラム教国がどのように解体されようが自由だ」と言われたらねえ、それまでだしね。

大川紫央　本当ですね。

トランプ大統領が中東を押《お》さえようとする真意

ソレイマニ司令官　まあ、その中東を押《お》さえればねえ、アメリカは、「中国やヨーロッパの息の根を止めれる」というか、「生殺与奪《せいさつよだつ》の権」を握れるんですよ。

大川紫央　ああー。なるほど。

ソレイマニ司令官　中東を全部押さえれば。あるいは、イスラエルを強大にして、イスラエルに見張らせて、で、自分が後ろから操《あやつ》っておれば、ヨーロッパも中国も支配できるんですよ。

まあ、ある意味では、「中国に取られる前に取りに来た」と言うべきかもしれないけどね。もし、敵側を〝ほめる〟とすりゃあね。

大川紫央　そうですね。確かに。

ソレイマニ司令官　「中国に取られるより先に取ってきた」と言うべきかもしれない。

大川紫央　アメリカと敵対したまま、中国とイランが、石油の売り買いから始まって手を結ばれると、けっこう危ないですもんね。

ソレイマニ司令官　トランプさんの最終目標が中国？　中国を潰《つぶ》すことだとすれば、やっぱり、油を押さえるのは大事ですから。中東を支配してしまったら、中国は、あと、油が入ってこなくなるから、けっこうきつい。

大川紫央　なるほど。

ソレイマニ司令官　アメリカは、自分で、石油も石炭も天然ガスも出るから大丈《だいじょう》夫《ぶ》なんですけどね、特に。だけど、あそこを押さえたら、ヨーロッパも言うことをきかざるをえないし、中国も言うことをきかざるをえないから、その意味では、アラビアを押さえるのは、とても大事なことなんですよ。

司令官殺害が意味すること

大川紫央　ハメネイ師は、トランプさんに会うつもりはない……。

ソレイマニ司令官　これでは無理でしょうね。

大川紫央　無理ですよね。「どんな顔をして会うんだ」という感じですよね。

ソレイマニ司令官　司令官をドローンで殺されて、会いには行けないでしょう。

大川紫央　自分も捕縛《ほばく》されると思われますよね。

ソレイマニ司令官　いやあ、もう、次は自分の上からドローンで狙《ねら》ってると。もう、外に姿を現したら、車で移動しても、電車で移動しても、バスで移動しても、そこを狙い撃《う》ちできるっていうことを、今回、威嚇《いかく》したんでしょ？　だから、「アメリカに対して攻撃《こうげき》的なことを何か言ったら、次は暗殺する」と、こういうことだと思います。

ヘリコプター墜落《ついらく》による「台湾《たいわん》軍トップの死」への疑問

大川紫央　台湾《たいわん》でも、ソレイマニ司令官と同じような立ち位置にいる軍のトップが乗ったヘリコプターが墜《お》ちました。

ソレイマニ司令官　私は、詳《くわ》しくは知りませんが。でも、それは、狙っている可能性はありますね。

大川紫央　ありますよね。

ソレイマニ司令官　できなくはないでしょう。「まさか」と思っているでしょうけれども。

大川紫央　中国などは怪《あや》しいですよね。

ソレイマニ司令官　今、中国製のドローン、ものすごく中東も飛びまくっていますから。ええ、それは、ヘリコプターなら墜とせるでしょうね。より墜としやすいでしょう。いっそ、地上にいるよりね。

大川紫央　どうでしょうか。戦争になってしまうのでしょうか。

ソレイマニ司令官　いや。要するに、「屈服《くっぷく》するかどうか」だと思いますから。プライドもあるからねえ。あっさりと、「司令官が倒《たお》されました。私たちは戦えません」と言ってサレンダー（降伏《こうふく》）するかといえば、分からないね。

今の大統領も、前に軍の司令官をやっているから、軍人でもあるんでね。だから、まあ、やっぱり一矢報《いっしむく》いないと済まないでしょうね。

簡単に言えば、今、イラクのアメリカ人が撤退《てったい》を始めてはいるけれども、やっぱり、少なくとも、アメリカに協力したところに対する攻撃はありうるわねえ。まあ、可能な範囲《はんい》内ですがね。

6　戦争について

ソレイマニ司令官の霊体《れいたい》は、日本までどうやって来たのか

大川紫央　日本まで、はるばる来てくださったので。

ソレイマニ司令官　ええ。何千キロあったかねえ。万かねえ。

大川紫央　でも、霊体《れいたい》だと一瞬《いっしゅん》ですか。

ソレイマニ司令官　〝一瞬〟ったって、来れませんよ、普通《ふつう》。

大川紫央　霊体で、どんな感じでここまで……（笑）。

ソレイマニ司令官　普通は来れないですよ。来れないけどねえ、あのねえ、イギリスでは地下鉄を「チューブ」と呼ぶんですけどね、そんな感じの、チューブみたいなのでスーッと吸われたような感じで、こっちに出てきた感じ。

大川紫央　ああ、「行こう」というよりは、〝吸われて来た〟感じですか。

ソレイマニ司令官　うん。地下鉄の地下のトンネル？　だから、まるで宇宙を飛ぶようだけれども、なんか、地球のなかの通路をツーッと通って、日本に出てきたような感じ。

大川紫央　なるほど。日本というか、ここに来たということですよね？

ソレイマニ司令官　そうだね。日本は、ムハンマドもエローヒムもいるのよ。

大川紫央　そうですね。

「弾劾《だんがい》裁判を始めたアメリカの〝民主党様のおかげ〟で私は殺された」

大川紫央　私たちも、とても心が痛いです。総裁先生も心労はしておられます。

ソレイマニ司令官　だけど、今の段階で、イランに「はい、サレンダーせよ」とも勧告《かんこく》できないでしょう？

大川紫央　言えませんね。

ソレイマニ司令官　何か、それだけのことをしたのか、どこかを侵略《しんりゃく》したのかって。

大川紫央　全然していませんからね。

ソレイマニ司令官　トランプさんが言っているのは、「アメリカ人が攻撃《こうげき》される計画があったので、それを防ぐために先制攻撃した」と、こういうことでしょ？　「司令官、命令を出せる人を殺して、アメリカ人を護《まも》ったんだ」と言っている。この言い方で「防衛」って、「国防はさ」って言っている。

まあ、これだと、どうですかね、まあ……、通りますかね？
国連は通らないし、G20《ジートゥエンティ》にもなかなか入れないしねえ、本当。

大川紫央　なぜ、今だったのでしょうか。
あっ、そうか。砂嵐《すなあらし》の前に……。

ソレイマニ司令官　砂嵐より、まあ、「選挙」もあるから。

大川紫央　「選挙」と砂嵐の前に。

ソレイマニ司令官　うん、うん。選挙だよ。選挙でしょう。今年、選挙だから。

●砂嵐の前に……　中東では、春以降に砂嵐の季節が来て、攻撃が難しくなる。湾岸戦争時にも1991年1月17日から空爆が始まっている。

大川紫央　いちおう、福音派《ふくいん》の教会では、「神はわれわれの側にいる」ということをトランプさんは言っていました。

ソレイマニ司令官　いやあ、でも、一月にトランプさんは訴追《そつい》される。弾劾《だんがい》裁判？

大川紫央　ああ、そうですね。

ソレイマニ司令官　民主党が全部賛成して、下院で弾劾、通過して、上院での弾劾裁判が一月に始まる。そこで戦争が始まれば、弾劾できないですよね？　これはアメリカの国是《こくぜ》だから、当然。

弾劾されたから、私、殺されたの。アメリカの〝民主党様のおかげ〟で殺された。

大川紫央　なるほど。

ソレイマニ司令官　だから、弾劾裁判ができないように、戦争するね、間違《まちが》いなく。

大川紫央　ああ……。悲しい。

ソレイマニ司令官　それが〝吹《ふ》き消せる〟ように、必ずやる。

大川紫央　そうですか。

ソレイマニ司令官　あと、どれだけ味方をつくるかを、これからやるでしょ、外交で。囲むでしょうから。まあ、われわれはみんな〝テロリスト〟にされることでしょう。はあ……（ため息）。

解決はつかないと思いますが。負ければ、まあ、それまでですけれどもね。

アメリカは日本に勝ったときの成功体験を忘れられない

ソレイマニ司令官　ただ、ちょっと、アメリカはね、日本に勝って、日本が復興して親米になったのをね、ものすごい成功体験として忘れられないのよ。

大川紫央　なるほどね。アメリカは、イランに日本のような国になってほしいということですか。

ソレイマニ司令官　だけど、あとは、戦争をして、ベトナムみたいにずいぶん手間取ったところもあるしね。

まあ、あんまり成功していないんですけどね、アメリカも。朝鮮《ちょうせん》も、あまり成功していないしね。日本だけがうまくいったんだけどね。

結局、ハメネイ師が裕仁《ひろひと》さんのようにアメリカに完全服従を誓《ちか》うしかないんでしょ？　ああいう感じで「『人間宣言』をしろ」って言っているのでしょうね。

大川紫央　そして、武器を捨てて。

ソレイマニ司令官　そうそう。完全非武装にして、「二度と歯向かいませんし、イスラエルに対する攻撃も考えません」みたいな感じにすることでしょ。ただ、収まらないかもね。

大川紫央　うーん……。厳しいですね。

こちらが悪いことをしていなくても攻撃《こうげき》されうるのが戦争

ソレイマニ司令官　残念です。お仲間にもなれず、お力にもなれず、残念です。

大川紫央　すみません……。

ソレイマニ司令官　司令官の命、安いものですからね。もう本当に、ええ。数千万円のドローンで殺せますので、簡単に。

大川紫央　ただ、邪心《じゃしん》がなければ、あの世では公平に判断が下されると思いますので。

ソレイマニ司令官　もう私はどうすることもできませんが、イランではこれから国葬《こくそう》でしょうけれども、幸福の科学のみなさまに、「戦争というのは正邪を立てるものだけれども、フェアに見るのはなかなか難しいことですよ。でも、イランが本当に困ったときには助けてやってください」と。

まだ中国とか、香港《ホンコン》や台湾《たいわん》、ウイグル、いろんな問題を抱《かか》えているから。日本も大変でしょうけれども。北朝鮮も大変だよね？　あれはそう簡単に譲《ゆず》れないわね？

大川紫央　そうですね。

ソレイマニ司令官　ええ。北朝鮮に、日本は無条件降伏《こうふく》はできないでしょう。そういうわけにはいかんでしょう、やっぱり。それはいけないでしょ。

大川紫央　でも、そのように、こちらが悪いことをしていなくても攻撃《こうげき》はされうるのが、戦争ということですよね？

ソレイマニ司令官　そういうことがあるっていうことよ。今回、分かったわね？

大川紫央　そう、分かりましたね。

ソレイマニ司令官　だから、向こうが、アメリカと戦うのは不利だけれども、日本とだったら、日米同盟が壊《こわ》れれば、占領《せんりょう》できるわね？　うん。「原爆《げんばく》・水爆、両方持っている」と言えば、それはね。

まあ、このへんもどうするのかな。これからよく考えて道筋《みちすじ》をつけてください。イランもお見捨てなく。よろしくお願いします。

大川紫央　はい。本当にご冥福《めいふく》をお祈《いの》りいたします。

ソレイマニ司令官　ええ、残念です。何にもできないうちに殺される司令官は情けないと思っています。

大川紫央　いえいえ……。

7 トランプ大統領が考える世界戦略を読む

中東を支配下に置くことの意味

ソレイマニ司令官　すみませんでした、夜分。明日《あした》の仕事ね、アメリカの立場で説法《せっぽう》されようとなされていたかもしれないけれども、私が来たので、ちょっとやりにくくなりましたね。ごめんなさい。

大川紫央　いえいえ。諸々《もろもろ》、総裁先生は、本当に、アメリカの立場も、イランのあなた様たちのそのお心も、おそらく分かっていらっしゃると思うので。

●明日の仕事……　本霊言収録翌日の2020年1月5日、幸福の科学東京正心館にて、法話「『鋼鉄の法』講義」を開催。

ソレイマニ司令官　それは、アメリカの石油、天然ガス、シェールオイル、シェールガス、石炭の値段が上がって、さぞ儲《もう》かるでしょうけどね。そして、トランプさんは二期目ができるから、まあ、いいんでしょうけどね。

ただ、戦略的に言えば、最終的に、「中東をアメリカの支配下に置くことで、ヨーロッパと中国は急所を握《にぎ》られることになる」という、世界戦略的に言えば、そういうことになります。

だから、それは賢《かしこ》いのは賢いとは思う。

大川紫央　なるほど。

祖国では英雄視《えいゆうし》されていたソレイマニ司令官

ソレイマニ司令官　ただ、一寸の虫にも五分《ごぶ》の魂《たましい》はあるからね。やっていいかどうかはね……。

私たちは、北朝鮮《きたちょうせん》みたいに何かやっていたわけじゃないし。

大川紫央　神への信仰《しんこう》もありますし。

ソレイマニ司令官　別に、テロリスト、そんなにした覚えはないし。アメリカ人が殺されたというなら、まあ、分かるけど。逆に、こちらが何人殺されたって発表されているほうだから、今ね。

大川紫央　でも、祖国への深い愛と同時に、アメリカの立場からも、「世界戦略的に見ると、中東を押《お》さえればヨーロッパと中国の急所を握れる」とおっしゃっているところなどは、本当に素晴《すば》らしいなと思います。

ソレイマニ司令官　私もいちおう大統領候補なんで（笑）。そのくらいは見えてなければ、そうならないんで。いわゆる、祖国では英雄《えいゆう》なんでね。

大川紫央　日本にも、そういう政治家がいてくれたらいいんですけどね。

ソレイマニ司令官　祖国では「英雄」で、アメリカから見れば「テロリスト」です。

大川紫央　うーん。

ソレイマニ司令官　だから、その偏向度《へんこう》のところは、神のほうで、やっぱり判断していただかないといけないということですね。
すみません。明日《あした》の行事の邪魔《じゃま》しちゃったね。三十分以上しゃべっちゃった。

大川紫央　でも、たぶん総裁先生の大きな悩《なや》みの一つであったと思いますので、ご意見を伺《うかが》えてよかったと思います。

ソレイマニ司令官　まあ、でも、それはプラスになる面もあるかもよ。
「トランプさんは機を見るに敏《びん》である」

大川紫央　はい。

ソレイマニ司令官　中東……、これ、まあ、イランも炎《ほのお》（戦火）を見させられるかもしらんけれども、中国はもう、いちばん油を買っているから、今。中東から。ここ、イランを押さえてしまえば、サウジアラビア、イラクを押さえているんで（中国が戦争をしにくくなるだろう）。

大川紫央　ちょっと「一帯一路《いったいいちろ》」の間に入れるのかも。

ソレイマニ司令官　分断ですね。

だから、ヨーロッパのほうへ行く油のところも、これ、アメリカの〝関所〟をいちおう通らなきゃいけなくなるから。

まあ、そういう意味では、トランプさんは機を見るに敏《びん》ではある。それと同時に、一石二鳥《いっせきにちょう》で自分の弾劾《だんがい》裁判まで外そうとしている。「今」しかなかったですね。

大川紫央　なるほど。

ソレイマニ司令官　うーん、まあ、よきアドバイスをお願いします。

大川紫央　はい。本当に……、はい。

ソレイマニ司令官　だから、死んでも別に、何も、私たちは恐《おそ》れていませんから。もともと、「死後の生活」まで教わっていますから。ええ。

大川紫央　穢《けが》れなき心で還《かえ》ることができれば、立場や国は違《ちが》えど、あの世でまたお会いできることもあると思いますので、こちらも頑張《がんば》ります。

ソレイマニ司令官　ええ。

8　日本にも縁《えん》の深い過去世《かこぜ》

ソレイマニ司令官　まあ、私も日本人として生まれたことはあった魂《たましい》だということだけ……。

大川紫央　ちなみに、何時代かは分かりますか。

ソレイマニ司令官　鎌倉《かまくら》時代です。

大川紫央　鎌倉時代？

ソレイマニ司令官　うん。

大川紫央　源平《げんぺい》？

ソレイマニ司令官　いや、私は北九州で戦ったほう。

大川紫央　元寇《げんこう》のほう？

ソレイマニ司令官　うん、うん。

大川紫央　そうですか。

ソレイマニ司令官　戦った。地元で元寇を……。元と高麗《こうらい》の連合軍を防いで戦った九州武士です。

大川紫央　では、いつも国を護《まも》る戦いをされているんですね。そのときは、ありがとうございました。

ソレイマニ司令官　はい。

大川紫央　私たちもイランの方々と〝心の交流〟をさせていただいていると思っているので、心はとても悲しく思っております。

ソレイマニ司令官　少なくても、日本にちょっとでも理解してくれる人がいることは、うれしいことです。ありがとう。

大川紫央　ありがとうございます。

「霊言現象《れいげん》」とは、あの世の霊存在の言葉を語り下ろす現象のことをいう。これは高度な悟《さと》りを開いた者に特有のものであり、「霊媒現象《れいばい》」（トランス状態になって意識を失い、霊が一方的にしゃべる現象）とは異なる。外国人霊の霊言の場合には、霊言現象を行う者の言語中枢《ちゅうすう》から、必要な言葉を選び出し、日本語で語ることも可能である。

また、人間の魂《たましい》は原則として六人のグループからなり、あの世に残っている「魂のきょうだい」の一人が守護霊《しゅごれい》を務めている。つまり、守護霊は、実は自分自身の魂の一部である。したがって、「守護霊の霊言」とは、いわば本人の潜在《せんざい》意識にアクセスしたものであり、その内容は、その人が潜在意識で考えていること（本心）と考えてよい。

なお、「霊言」は、あくまでも霊人《れいじん》の意見であり、幸福の科学グループとしての見解と矛盾《むじゅん》する内容を含《ふく》む場合がある点、付記しておきたい。

第2章　ハメネイ師守護霊《しゅごれい》の霊言《れいげん》

二〇二〇年一月七日　収録

幸福の科学　特別説法堂《せっぽうどう》にて

アリー・ハメネイ（一九三九〜）

イランの宗教家、政治家。シーア派の聖地ナジャフの神学校で学んだ後《のち》、聖地コムの神学校ではホメイニに師事する。イラン革命に参加し、革命後は、イスラム革命評議会委員、国防次官、イスラム革命防衛隊司令官、最高国防会議議長などを歴任。一九八一年に大統領に就任し、八五年には再選を果たす。初代最高指導者であるホメイニの死後の八九年に、第二代最高指導者となる。

質問者

大川紫央《おおかわしお》（幸福の科学総裁補佐《ほさ》）

［役職は収録時点のもの］

1　イランは独裁か、民主主義か

深夜に訪《おとず》れたイラン最高指導者の霊《れい》

ハメネイ師守護霊　はあ……。はあ……。ああ……。ハメネイです。

大川紫央　ハメネイ師？

ハメネイ師守護霊　ああ。夜分、恐《おそ》れ入ります。

大川紫央　今、二時半。まあ、それは悩《なや》みますよね。

ハメネイ師守護霊　こっちの時間はちょっと違《ちが》いますから……。

夜分、恐れ入ります。

大川紫央　いえいえ。すみません。

ハメネイ師守護霊　いやいや、少しでも仁義を切っておかなければいけないと思うことがありまして。

少しはご相談して本も出していただきましたので、あなたがたに徒労の感があるのではないかと、申し訳ないと思っています。

●本も出して……　『イランの反論　ロウハニ大統領・ハメネイ師 守護霊、ホメイニ師の霊言』『イギリス・イランの転換点について』（前掲）等参照。

大川紫央　いいや、私たちは何もイランの方々のお役に立てなくて、申し訳なく思っております。

ハメネイ師守護霊　いきなりソレイマニ司令官の殺害に来たのでねえ……。

いやあ、あなたがたも私たちの意見を代弁してくれて、中立で仲立ちしてくれようと努力してくれていたし、あなたがたにとってトランプ大統領も大切な人なんであろうから、お互《たが》いにいろんな関係がうまくいかないことは、望ましいことではないだろうと思っています。

しかし、やっぱり、司令官をいきなり殺害されたということは……。それも、すぐ隣国《りんごく》で殺害されて、イラクでもイランでも、やっぱり、「アメリカに死を」っていう声がやまなくなってきて、議会も同じ状態です。

もし、アメリカが、民主主義を「錦《にしき》の御旗《みはた》」にして、われわれが後《おく》れているがために改善を求めているというなら、民主主義の意見に基《もと》づくならば、アメリカに対して何らかの報復活動をしなければ収まりません。

もし、単なる独裁なら私の一存《いちぞん》でどうにでもいけますが、私の一存でできるような政治体制にはなってはおりません。

民衆はデモをし、議会も全員一致《いっち》で報復の考えを持っていて。私個人の意思で、全体主義でやっているわけではないので。やっぱり、「国辱《こくじょく》」というふうに、みんな感じておりますので。

「もし、アメリカが核攻撃《かくこうげき》をするなら、一方的な侵略《しんりゃく》になる」

ハメネイ師守護霊　アメリカは、それは強いかもしれませんが、やはり地球の裏まで来て、そこにある独立国を隷従《れいじゅう》させるというのはいかがなものかと思っていますし、それまで核《かく》合意を守るように、一生懸命《いっしょうけんめい》、努力はしてきましたけど、自分のほうは、中距離《ちゅうきょり》、長距離、核開発？　さらにミサイルを、自分たちは再度解禁にして、そちらの合意を破っておりますので。であれば、彼らは、アメリカ本国ないし第五艦隊《かんたい》は、洋上から核ミサイルを撃《う》つこともできるということです。

われわれには核兵器は、今、ありません。

ですから、われわれがイランないしイラク周辺から小さなゲリラをすることは、もちろん可能ではありますけれども、もし、戦略核兵器でもって攻撃《こうげき》するということになりましたら、アメリカは国際的な合意を得ることなく、一方的に他国を侵略《しんりゃく》・攻撃することになるんではないでしょうか。

大川紫央　ええ。

ハメネイ師守護霊　私の言っていることは間違っているんでしょうか。

大川紫央　いえ、そうではないと思います。

「イランの世論《せろん》は、反米一色になっている」

大川紫央　イランの方々も、本当にたくさんの方がソレイマニ司令官の死を悲しんでいて、すごい状況《じょうきょう》ですものね。

ハメネイ師守護霊　うーん。ですから、そうでなければ、われわれを下等民族だと思って、われわれの全体の意見とか、われわれの憤激《ふんげき》とかいうものを、完全に、「下等民族の、知能の低い連中の暴走」としか見ていないというようなことでしょうね。

大川紫央　ええ。政府に対してデモをしていた方々も、みな今、反米のデモになっていて、何か変わりましたね。

ハメネイ師守護霊　ええ。政府にデモをしているのを見て、そして、「悪い体制だから倒《たお》せる」と思ったんだと思いますが、アメリカが司令官一人を殺せば、国民の世論《せろん》は、今、反米で全部一色になっています。

だから、私たち最高指導者や大統領は、共に抗議《こうぎ》のデモをしていても、それは民主主義的に意見を……。

大川紫央　言っているという……。

ハメネイ師守護霊　述べているわけであって、彼らも物事の大小を……。

大川紫央　分かる？

ハメネイ師守護霊　重要かそうでないかが分かるのであって。それは、政府に「どうにかしろ」と言うことでもある。要するに、「制裁をされて経済活動がうまくいっていないところをどうにかしろ」と言っていただけで、アメリカのほうが司令官の殺害にまで及《およ》んでくるなら、「それだったら引っ込《こ》むことはできない」という感じですかね。

イランの司令官の殺害を、日本でたとえるとどうなる？

ハメネイ師守護霊　まあ、日本でいきますと、感じはちょっと違うんですけど、ドローンでいきなり、出勤中の菅官房長官《すがかんぼうちょうかん》を殺害したというような感じです。

大川紫央　うーん……。

ハメネイ師守護霊　だから、話し合いでできるかどうかは分かりません。日本にある米軍基地から政府の要人を、次々、テロをするのは向こうですからね。まあ、「順番に殺していくような感じで、ドローンで殺せる」とかいうことですから、それは安倍《あべ》さんだって殺せるでしょうよ、出勤中にねえ。天皇陛下《へいか》だって殺せるでしょうよ。出勤されているんでしょう？

大川紫央　はい。

ハメネイ師守護霊　赤坂《あかさか》から御所《ごしょ》にね。赤坂から宮中に車で出勤されているはずだよね。それだって狙《ねら》えますからね、車一台だったら。

大川紫央　日本国民は、もう、平和ボケしていますから……。

ハメネイ師守護霊　分からないでしょう。

大川紫央　何が起こったか分からないかもしれません。

ハメネイ師守護霊　まあ、そんな感じですよ。

大川紫央　はい。

ハメネイ師守護霊　それはね、菊《きく》の御紋《ごもん》の車がいきなり狙われたか、そうでなくても、政府のナンバーツー、ナンバースリーぐらいがいきなり狙われた感じですから。日本なら、それを、お葬式《そうしき》したら黙《だま》って引き下がるんでしょうから。

大川紫央　ええ。日本だと、無駄《むだ》な議論をして終わりそうです。

国民から愛されていたソレイマニ司令官

大川紫央　むしろ、「イランのソレイマニ氏は、国民たちから愛されていたんだなあ」とすごく思いましたね。

ハメネイ師守護霊　でしょう?

大川紫央　はい。

ハメネイ師守護霊　分かるでしょう?

大川紫央　分かりましたね。

ハメネイ師守護霊　イランだけでなくて、イラクの人からも尊敬されていました。

大川紫央　イラクまで「米軍撤退《てったい》」を言い始めるとは、もしかしたら、アメリカのほうは計算していなかったかもしれないですね。

ハメネイ師守護霊　彼は、イラクのなかで活動していましたから。

大川紫央　ええ。

ハメネイ師守護霊　イラクのなかのシーア派をつなぎ合わせていたんでね。それは、アメリカ大統領から見れば、みんな「ゲリラ部隊」なんでしょうけどね。

大川紫央　確かに、中東の人々にとっても、「オサマ・ビン・ラディン」とか、あのあたりの人を殺されるのとは、少しわけが違うところがありますよね？

ハメネイ師守護霊　いや、ちゃんとした手続きで選ばれた司令官ですから。

大川紫央　ちゃんとした国の〝あれ〟ですからね。

ハメネイ師守護霊　それで、最高指導者の直属部隊の最エリート部隊の司令官ですから。まあ……（約五秒間の沈黙《ちんもく》）、先の大戦で言えば、もう日本は戦争にはなってはおりましたが、平和時に山本五十六《やまもといそろく》が空爆《くうばく》されて殺されたような感じですかね。

大川紫央　うーん……。

ハメネイ師守護霊　戦争中はしかたがないかもしれないけどね。戦争してないのにね。

2　アメリカへの対抗《たいこう》策について

ハメネイ師守護霊が考える「アメリカへの対抗策」

大川紫央　どうでしょう。ハメネイ師としては、やはり、アメリカに対抗《たいこう》していくしかなくなる感じですよね？

ハメネイ師守護霊　だから、最後は核《かく》兵器・核ミサイルまで使うことを……。まあ、トランプの性格から言えば、自分のツイッター一つで、「戦略核兵器を使うぞ」って脅《おど》すでしょうね。そうしたら、なんもできなくなると思うからね。

大川紫央　まあ、アメリカも、「平和」や「戦争反対」を言いやすい民主党のほうが、いつも、きっかけをつくって戦争を起こしている感じがします。

ハメネイ師守護霊　そうなんですよね。

アメリカのほうは、核兵器の削減《さくげん》をもうやめていますからね。ロシアや中国に対抗するためにやめていますから。それでいて、「こちらには核兵器はつくらせない」っていう条件ですからね。まあ、私らとしては正直に……。

もちろん、ケニアなんかで小さな規模でのテロをやるぐらいでは、こんなんでは収まらないので。少なくとも●中東に展開している米軍基地に対する砲撃《ほうげき》、これは可能な範囲《はんい》なので。たぶん、やることにはなると思うし、おそらく、中東近辺にある、他国のアメリカ大使館等は、一斉《いっせい》に攻撃《こうげき》することになるだろうとは思うんですけどね。

●中東に展開している……　本霊言収録翌日の2020年1月8日、イランは、ソレイマニ司令官殺害の報復措置として、イラク国内の米軍基地にミサイルを発射した。

あと、アメリカ軍でペルシャ湾《わん》近辺に展開しているもの等は、攻撃することはできますので。ホルムズ海峡《かいきょう》を通ろうとするものは、撃沈《げきちん》することはできます。

「国際的合意もなく独断したトランプさんは、責任を負うべき」

大川紫央　ただ、ソレイマニ氏は、「アメリカ側から見ると、もし、この中東あたりのアメリカの勢力を少し拡大して、力を増すことができれば、対中国と対ヨーロッパにおいても睨《にら》みを利《き》かせることができるようになる。そういう戦略もあるのだろう」ということはおっしゃっていたのですけれども（本書第1章参照）。

ハメネイ師守護霊　まあ、それはそうだけど。あなたがたの好き嫌《きら》いは別にして、「中国」や「ロシア」はアメリカの攻撃に対していちおう非難はしてくださっているわけですので、私どもとしては彼らを悪く言うことはできない状況《じょうきょう》ですね、今のところ。

大川紫央　ええ、まあ、そうですね。

ハメネイ師守護霊　こんなことが許されるのなら、彼らもいきなりドローン攻撃を受ける可能性はありますからね。

大川紫央　でも、マスター（大川隆法総裁）も、イランの方々の心はお分かりですから、涙《なみだ》はしておられたと思います。

ハメネイ師守護霊　いや、以前の「多国籍軍《たこくせきぐん》」とかのときは、ある程度、国際的合意を取ってやっていたんだとは思うけど、今回は合意も取れていないので。トランプさんの判断だけでやっていますからね。議会の承認も取らずにやっていますから。その責任は負うべきではないかと思いますがね。

安倍《あべ》さんが「中東に来る」と言ってるけど、来れるかどうかも分からないし、来ても、たぶん、何の役にも立たないんじゃないかなあとは思いますがね。

ハメネイ師守護霊が聞いている「天上界《てんじょうかい》の強い意見」とは

大川紫央　ハメネイ師は、今、霊的《れいてき》なご存在として来てくださっていますけれども、「天上界《てんじょうかい》から、どなたかが、何か意見を言いに来る」というようなことはありますか。

ハメネイ師守護霊　うーん、うん、まあ……（約五秒間の沈黙《ちんもく》）、それはホメイニ師とかね……。

大川紫央　ああー。

ハメネイ師守護霊　それ以前の古いイランの指導者たちとかね、そういう方々も言ってはきますよ。

大川紫央　何か、特別に強い意見などはあるのでしょうか。

ハメネイ師守護霊　やっぱり、この際ねえ、「もう、核合意を破って、核兵器をつくれ」とみんな言っています。「そうしないと対抗できないから」と、みんな言っていますね。

「アメリカは簡単にはイランを占領《せんりょう》できない」

大川紫央　では、今すぐにアメリカに対して報復攻撃を……？

ハメネイ師守護霊　いや、それはそれでしますが、アメリカが全面戦争をするにはね、今の数千人単位でパラパラ送ってきてるレベルでは、ちょっと無理だろうと思いますよ。もっと大規模でなければ。

大川紫央　アメリカ自体がですね？

ハメネイ師守護霊　ええ。イランの占領《せんりょう》はできません。それはこちらも何十万人も軍隊はいますから、そんな簡単ではないし、イラクも敵に回しつつあるので、そんなに簡単ではないと思いますね。

特に、ソレイマニ司令官は、もう、イエメンから、何カ国かのイラン支持勢力を三日月形《みかづきがた》でつくっていましたからね。そういう人たちは、たぶん黙《だま》っていないから、複数箇所《かしょ》から米軍基地に攻撃はされると思うので。イランと戦ってるつもりでいても、イランじゃないものも攻撃に参加すると思いますよ。

だから……、いや、サウジアラビアはしないかもしれないけど、それ以外のところは、そうとう……。サウジアラビアやイスラエルはしないが、そうしたほかのところでは、シーア派がいるところは、どちらかというとけっこう多いので、攻撃はすると思いますよ。

まあ、アメリカ大使館等は絶対にするでしょうし、やっぱり、アメリカの航空機、ドローン、艦船《かんせん》等への攻撃はありうるし、もちろん、中東、アフリカ、ヨーロッパ、米本土等でのゲリラ活動は開始される可能性は強いですよね。

大川紫央　なるほど。

「幸福の科学の友情を無駄《むだ》にした」と詫《わ》びるハメネイ師守護霊

ハメネイ師守護霊　まあ、「国対国」ということになりましたら、ちょっと収まらない感じになりました。だから、あなたがたの友情を、なんか無駄《むだ》にしたことは申し訳ないと思っております。

大川紫央　いえ、いえ。

ハメネイ師守護霊　安倍さんは、「仲介《ちゅうかい》」といっても、あれは仕事をしませんでしたから。

何の期待もしてはおりませんけども。
ただ、（幸福の科学は）本まで出していただき、イランの代弁までしてくださって、まことに申し訳ない。

大川紫央　いや、ちょっと力及《およ》ばずで、本当に総裁先生も悲しんでおられ、「申し訳ない」とおっしゃっていました。
おそらく、エローヒム様たちも、イスラムに対して、「一定の改革は必要だ」とお考えになりつつも、やはり、全面戦争のようになっていくことに関しては、悲しんでおられると思うのです。

●エローヒム　本書 p.47 参照。

3　イランの実態とアメリカの偏見《へんけん》

アルカイダなどとは違《ちが》い、イランは正当な国家

ハメネイ師守護霊　でねえ、イランの人たちはね、ＣＮＮがねえ、反米のデモをやっているのをレポートしててもね、「ＣＮＮの人がアメリカ人だから、それを殺す」っていうわけではない。

大川紫央　そうですねえ。

ハメネイ師守護霊　その程度の理性があることぐらいは分かるでしょう？

大川紫央　やはり、色濃《いろこ》くイメージづけられている、アルカイダやＩＳＩＳ《アイシス》等、あのあたりの……。

ハメネイ師守護霊　同じように思ってるよ。

大川紫央　そうそう。おそらく、同じように思ってしまっていたところが、ほかの国々にはあったと思うのですが、今回……。

ハメネイ師守護霊　正当な国家のほうです。

大川紫央　そう。きちんとした正当な国家であり、司令官たち、上層部の人たちも、国民からすごく尊敬され、愛されていて……。

ハメネイ師守護霊　「イラク国内で暗殺した。殺害した」っていうことは、イラクをアメリカの一部だと思ってるぐらいの感じでしょうかね。

ソレイマニ司令官を「黒幕」と判断したトランプ大統領

大川紫央　しかし、トランプさんにも、賢《かしこ》いところはきちんとおありになるので……。こんな段階に来て、このような言葉は失礼かもしれないですけど、おそらく、少し中東に関する意識が変わったところはあるのではないかなと思ったのですけどね。

ハメネイ師守護霊　まあ、何人かを攻撃《こうげき》したり……。これは、「軍の命令で」というほどのもんではなくて、突発《とっぱつ》的なもんですけど。
あと、イラク人が、イラクにあるアメリカ大使館に、みんなで、四千七百人かなんかで抗議《こうぎ》したのを見て、「攻撃開始」と……。これを、「扇動《せんどう》されて、やってるんだろうと思った」ということだと思うんですよ。
ただ、「それがイラク人の意思でもあるとは思わなかった」ということでしょうね。

大川紫央　そうですね。裏で画策している「黒幕」がいて……。

ハメネイ師守護霊　そう、そう、そう。ソレイマニが……。

大川紫央　ソレイマニさんがやらせているという……。

ハメネイ師守護霊　やらせてるから、「これは殺さなきゃいけない」と……。もともと、そういう考えですから。「ドローンを使って攻撃した」とか、「タンクを攻撃した」とか、「船を攻撃した」とかいうのは、全部ソレイマニがやったことだと判断してるからね、大統領のほうは。はあー（ため息）。

大川紫央　過去、アメリカ大使館か何かに対し、暴動があって、四人ぐらいアメリカ人がその地で亡《な》くなっています。おそらく、「そういうことを二度と起こしたくない」ということで、ソレイマニ氏が車で移動しているときに、六人ぐらいのところへ爆弾《ばくだん》を落としたのでしょうけどね。

アメリカの最強硬派《さいきょうこう》は「イスラム教は悪魔《あくま》の教えだ」と思っている

ハメネイ師守護霊　前回のワールドトレードセンターのときにはね、サウジアラビア人が攻撃したのに、イラクを目の敵《かたき》にして、占領《せんりょう》してしまい、最後、オサマ・ビン・ラディンをアフガンで仕留《しと》めたんでしょうけど。ああ、アフガンじゃなくてパキスタンだったかなあ。あちらのほうで仕留めたんでしょうけど。

大川紫央　はい。

ハメネイ師守護霊　今度は、イランをテロリストと名指しし、やっているわけですけど、われわれは、宗教もあり、ちゃんと、いちおう「民主主義の形態」を取りながらやってはいますので。

大川紫央　おそらく、〝ごっちゃ〟になっているのでしょうね。今、パキスタンの話がありましたが、例えば、マララさんが、「女子に教育を」と叫《さけ》んだら、テロ組織が襲《おそ》いに来るとか、そういうことがあって、今、イギリスまで逃《に》げていますからねえ。

ハメネイ師守護霊　最強硬派《さいきょうこうは》の意見では、やっぱり、イラクもイランも……。だから、「イスラム教っていうのは悪魔《あくま》の教えだ」と思ってるんだろうと思いますよ。

大川紫央　「アメリカからすると」ですよね？

●マララさん　パキスタン出身の女性人権活動家、マララ・ユスフザイ。『マララの守護霊メッセージ』（幸福の科学出版刊）参照。

ハメネイ師守護霊　根本的にね。たぶん、そう思ってるんだろうと思いますよ。

大川紫央　アメリカのホラーとかだと、「イラクなどから悪魔を連れ帰って、すごく怖《こわ》い目に遭《あ》う」っていうのが、よくつくられています。

ハメネイ師守護霊　うん。そうそう。

これは、でも、逆効果で、イラン人をテロリストに仕立て上げようとしてるから。逆に、在米イラン人は、どうせテロリストだと思われるんだったら、少しは何かしないと、いられなくなる可能性がありますよね。まもなく国外追放にし始めるんでしょうけどねえ。

まあ、濡《ぬ》れ衣《ぎぬ》、被害者《ひがいしゃ》でしょうね。

4　イランとアメリカ、日本との関係

ハメネイ師とトランプ大統領の「守護霊同士の戦い」はない

大川紫央　トランプさんの（守護）霊がハメネイ師のところに行くとか、そういうことはないのですか。

ハメネイ師守護霊　いやあ、「それはない」ですね。

大川紫央　そうですか。個人の戦いではないですからね。

ハメネイ師守護霊　互《たが》いに、それは……。戦いは……。それはしないです。

あなたがたもトランプをだいぶ〝買ってる〟のに、申し訳ない。

大川紫央　いや、トランプさんに対して、すべてに賛成しているというか、称賛《しょうさん》しているわけではなくて、先生としての意見がある場合には、きちんと御法話《ごほうわ》等でもおっしゃっています。

ハメネイ師守護霊　中東では、今、反米勢力が一気に息を吹《ふ》き返していますのでねえ。

こういうのが望みだったんなら、しかたがないし……。何人ぐらい殺したいのかは知らないけどねえ。

大川紫央　トランプさんに対して意見を言える強硬派《きょうこう》というと、どんな……。まあ、強硬派はいますか。

ハメネイ師守護霊　だから、いったんクビにしたボルトンなんかの考え……。

大川紫央　に近いですねえ。

ハメネイ師守護霊　近いでしょう？　だから、もともと、「どうしようもないんだ。悪魔《あくま》の教えだから、もう、潰《つぶ》すしかないんだ」っていう考えでしょう？

大川紫央　うーん。

ハメネイ師守護霊　これにいちばん近い動きですから。だから、「ここ とは、もう、北朝鮮《きたちょうせん》ほどにも交渉《こうしょう》する余地はない」と思ってるんでしょうから。

「私たちの命はもうないもんだと思っております」

ハメネイ師守護霊　はあーっ（ため息）。まあ、「戦争」ですねえ。われわれは、葬式《そうしき》をやってるところだって狙《ねら》われるんでしょうから、ほんと、たまったもんじゃあないけど。すみません。せっかく応援《おうえん》していただいたのに。

大川紫央　いやいや、こちらこそ、本当に……。

ハメネイ師守護霊　たぶん、止めることはできないので。まあ、私たちの命はもうないもんだと思っておりますので、ええ。「上を殺せば止まる」と思ってるんだろうから、それは誤解であることを知る必要があると思います。

大川紫央　今回、それを知ってほしいですよね。

ハメネイ師守護霊　私たちが独裁してると思ってるからね。独裁者だと思ってるから。

〝平和ボケ〟している日本は異質な空間にいる

大川紫央　（抗議《こうぎ》デモに）あんなに人がたくさん出るというのは、日本でありうるかなあ。あまりない気がするんですよね。

ハメネイ師守護霊　もし日本の大臣が殺されても、日本人がみんな出て、「報復を」って言わないかもしれないですよね。

大川紫央　言わないかもしれないと思います。たぶん、ボーッとして、「何が起こったのか」って……。そして、また憲法の議論をし始めて、それで終わりそうな気がします。

ハメネイ師守護霊　日本はちょっと異質な空間にいますからね。

大川紫央　事の重要性が、たぶん分かっていないような気がします。

ハメネイ師守護霊　〝平和ボケ〟してるからねえ。

大川紫央　そうですねえ。

　中国やロシアがイランを応援《おうえん》すれば、世界大戦になる？

ハメネイ師守護霊　私たちも、核《かく》はないが、ミサイルぐらいは持っていますし、そらあ、中国やロシアや北朝鮮が応援《おうえん》してくれるんなら、核兵器だって手には入りますけどね。

大川紫央　そうですねえ。

ハメネイ師守護霊　だから、「世界大戦」になる可能性だってありますよ。

中露《ちゅうろ》までが、例えば、戦争に参加した場合はね。だから、今、非常に危険な段階ですね。

ですし、あなたがたや安倍《あべ》さんが何かできる状況《じょうきょう》ではもうなくなってきていると思います。安倍さんがゴルフをやってる間に、もう向こうのほうは攻撃《こうげき》決定してるんですから。はあ……（ため息）。

大川紫央　確かに、仲介《ちゅうかい》を頼《たの》まれたわりに、何の相談もなかったわけですからね。

ハメネイ師守護霊　それは単なる……、まあ、「いい格好《かっこう》」しただけでしょう。だから、アメリカのほうがむしろ〝独裁〟しているので。大統領独裁、けっこうやってますからね。まあ、トランプさんとしては、「アメリカが強くありさえすればよい」ということでしょうけれどもね。

5　イランの文化・風習への見方

イランは礼節を重んじる

大川紫央　ハメネイ師（守護霊）がここにいらっしゃるときは、遠く離《はな》れていますけれども、どんな感じで来られるのですか。祈《いの》っているのですか？

ハメネイ師守護霊　ああ。うーん。

大川紫央　それとも、「霊的《れいてき》にもう交流があるので、一度ここは先生にお話をしておかなければいけないな」と思って、今日、来てくださった感じなのでしょうか?

ハメネイ師守護霊　やっぱり、私たちは礼節を重んじるので。エル・カンターレが何とか止めようとしてくださっているのに、「こういうこと」になったことをお詫《わ》びして、そして、私たちの気持ちをお伝えして、了解《りょうかい》してもらいたいなと思っているだけで。

大川紫央　エル・カンターレも、「イランの方々に何もしてあげられなかった」と言って、おそらく、涙《なみだ》をとても流されていたと思いますので、その神様のお心もまた伝わればいいなと思います。

ハメネイ師守護霊　われわれはね、われわれ指導者はね、〝狂気《きょうき》の独裁者〟にたぶんされると思いますけども、われわれが殺されることがね、「イランの民主化・自由化」、そして、「近代化」につながるというなら、「どうぞ殺してくださって結構だ」と思いますけどね。

大川紫央　うーん。

ハメネイ師守護霊　ただ、アメリカ軍がイランのなかを、いっぱい陣地《じんち》をつくって行進して、「人々を解放した」と称《しょう》して、実際上支配する未来が、そんなに望ましいものかどうか。

イスラエルに対する憎《にく》しみは、イスラム圏《けん》全体に通じているものですから。ね？　イスラエルに対してゴラン高原を与《あた》えたり、どんどん拡張主義を認めていますからね。それのいちばんの抑止力《よくしりょく》はイランだったからね。

まあ、イスラム教の全体をもう二流、三流の国家群に落としてしまって、キリスト教の「下部構造」にしたいんだと思いますよ、たぶん。

大川紫央　でも、ブッシュ政権のときからの過《あやま》ちがずっと尾《お》を引いているところもありますよね。

ハメネイ師守護霊　ええ。

大川紫央　犯人をなかなか特定せずに、イラクまで巻き込《こ》んでやってしまったので、余計に憎しみや嫌悪《けんお》感のところが広がっていますよね。

ハメネイ師守護霊　アメリカのテロ事件だって、犯人はアメリカに在住していた人たちでしたからねえ。だから、色の黒い……、まあ、「黒い衣装《いしょう》」を身にまとったやつは、みんな〝悪魔《あくま》〟に見えてるんだろうと思いますよ。

そういうことで、近いうち、戦争になる可能性が高い。トランプさんが謝ってくるとは思えないので。うーん。

イスラム女性の黒い衣装《いしょう》は、日差しが強い砂漠圏《さばくけん》の風習

大川紫央　女性の黒い衣装《いしょう》等をやめるというのは、ハメネイ師としてはいかがでしょうか？

ハメネイ師守護霊　日差しが強いからねえ。まあ、今まで、みんな風習で着てるだけなので。

大川紫央　日差しが強いのと、何と言うのでしょう。おそらくムハンマドさんが生きていた当時、最初のころは、すべての女性があのような格好《かっこう》はしておらず、途中《とちゅう》からできた風習である面もあると思うのです。まあ、いろんな事件もあってのことだと思うのですけど。

おそらく地上の男性のいろいろな感情や文化交流のなかからできた部分はあるのかなと思ったのですが。

ハメネイ師守護霊　まあ、幅広《はばひろ》く砂漠圏《さばくけん》にはある風習ですのでね。中央アジア圏まで。

大川紫央　そうは言っても、キリスト教のシスターたちも似てはいるのですよね。

ハメネイ師守護霊　だから、日本人に対して、〝着物禁止令〟を出すようなものといえば、そういうことで。

大川紫央　イメージとしては。

ハメネイ師守護霊　まあ、洋風化していくのは、自由だったんですけどねえ。うーん。

大川紫央　一部、女性のなかには、そういうのに抵抗《ていこう》されている方もいるではないですか。西洋で本を出したりしているイランの女性等は。

ハメネイ師守護霊　アメリカの実業家とか、テレビに出て活躍《かつやく》している人とか、政治家とかのなかにも、もちろんイスラム教国においては、死刑《しけい》に値《あたい》するような方もいっぱいいいますからね。まあ、「このへんのところを全部自由にしろ」という方向で来るんだろうとは思いますけどね。イスラム教の教義も攻撃《こうげき》するということだろうと思いますがね。

大川紫央　うーん。難しいですね。

6　日本と世界へのメッセージ

アメリカと戦争になったら、日本には「停戦」を意見してほしい

ハメネイ師守護霊　ということで、明日《あした》あたりから、あの、もう……。

大川紫央　喪《も》が明けますね。

ハメネイ師守護霊　戦争を図ると思いますので。すいません。最後、国が全滅《ぜんめつ》しないように、どこかのラインで停戦させるように、意見を言ってください。

大川紫央　はい。

ハメネイ師守護霊　私はもういないかもしれないので、あと、何とかよろしくお願いします。はい。アッラーのもとに参ります。

大川紫央　本当に言葉ではなかなか言い表せないものもありますけれども、ハメネイ師にもアッラーのご加護がありますように。

ハメネイ師守護霊　「私たちが持っているプライドは、それは、独裁への意志じゃなくて、私たちが長く持ってきた文化への、歴史への誇《ほこ》りなんだ」ということは分かってもらえないようですのでね。うん。

大川紫央　必ずしも、アメリカとヨーロッパの西洋社会が善とは言えません。

ハメネイ師守護霊　今、おかしくなってきてるでしょう。

大川紫央　先ほど言ったイランの女性が書いている本でも……。まあ、（著者は）イランの西洋化を好んでいらっしゃる方なんだろうけれども、ヨーロッパ等に行って、麻薬《まやく》や、男性・女性問わずの性的な乱れ等を目の当《ま》たりにして、鬱《うつ》になったところもあるようでしたので、「そういうのが入らないようにしたい」というのも、気持ちとしては分かります。

ハメネイ師守護霊　はあ（ため息）。

大川紫央　なので、そうですねえ、文化の「よいところとよいところ」とが残っていけばいいのですけどね。

ハメネイ師守護霊　まあ、最後の何と言うか、後始末《あとしまつ》？　どの程度のところで和平実現するかのとき、もう判断できる人がいない可能性がありますので、そのとき、日本によろしくお願いします。

大川紫央　はい。

ハメネイ師守護霊　戦争をすれば、相手が強気でやれば、春までには終わると思います。たぶんね。

大統領府とか、跡形《あとかた》もなく焼け野原になるのを見れば、みなそう思うでしょうから。まあ、ただ、東京オリンピックも、〝夢のまた夢〟になりますね。

大川紫央　「平和はどこにあるんだ」というところですね。異文化理解は、なかなかできないものなのですね。

ハメネイ師守護霊　まあ、上手に解説してください。

大川紫央　はい。

戦争になれば、アメリカにも被害《ひがい》が出ることを覚悟《かくご》すべき

ハメネイ師守護霊　私たちはもう、死ぬ覚悟《かくご》ができたので、ええ。まあ、いちおう、これで戦ってはいけないんだったら、もはや国家の自衛権は

ないのと同じだし、グテーレス国連事務総長も、自衛権はあると言っていますので、国際法に反して私たちがおかしかったわけではないと思います。

大川紫央　そうですね。イランはきちんと国としての……。

ハメネイ師守護霊　トランプさんは、（イランを）脅《おど》したりすれば屈服《くっぷく》すると思っていたところだと思います。軍隊が強大なのは知っていますよ。ただ、「砂漠《さばく》地帯まで大勢送り込《こ》んできたら、こちらの地元では、ある程度の被害《ひがい》が出るっていうことは、覚悟してもらわなきゃいけない」っていうことですね。

大川紫央　うーん。

ハメネイ師守護霊　アメリカは何度も同じ間違《まちが》いを犯《おか》していますから。

イランの最高指導者の心からの願い

大川紫央　ソレイマニ氏とお話をしても、なんか、こう言ったら、ちょっと失礼に当たるか分からないんですけど、気持ち的には、日本の大戦で戦われた●硫黄島《いおうとう》の戦いや沖縄《おきなわ》戦等の将軍たちと通じるものもあるのではないのかなという感じがしました。防衛をしなければいけない……。

ハメネイ師守護霊　軍人なんて、殺されてもね、「代わり」はいますから、次々と司令官は出てくるし、最高指導者も大統領もいくら殺されてもまた選べるんで、出てきます。

だから、われわれが〝独裁者〟だと思ってるなら……。

●硫黄島の戦いや沖縄戦等の将軍たち……　『硫黄島　栗林忠道中将《くりばやしただみちちゅうじょう》の霊言　日本人への伝言』『沖縄戦の司令官・牛島満《うしじまみつる》中将の霊言』（共に幸福の科学出版刊）参照。

大川紫央　「間違い」だと。

ハメネイ師守護霊　「〝ヒットラー〟の代わりはいくらでもいる」ということは知っといたほうがいいと思いますよ。

大川紫央　金正恩《キムジョンウン》とも全然違いますものね。

ハメネイ師守護霊　あそこ、代わりいないでしょ？

大川紫央　いないです。

ハメネイ師守護霊　こっちは「ある」んですよ。

だから、生活難で、デモでね、私に「辞《や》めろ」と言う人たちもいましたからね。

まあ、そういうことで、まもなく始まりますので、イラン国民が長い苦しみのなかに置かれないように、どうか、よろしく、あとの収拾をつけてくださいますように、お願いを申し上げます。

大川紫央　来てくださって、ありがとうございました。

ハメネイ師守護霊　はい、すいません。夜分に申し訳ございませんでした。

大川紫央　いえいえ、ありがとうございました。

あとがき

幸福の科学では、昨年末、『トランポノミクス』というトランプ大統領の経済的成功の秘密を明かした翻訳書を出したところである。一方、昨年から『イランの反論』等も出版し、ハメネイ師やロウハニ大統領にも、アメリカとの和平を仲介すべく努力していた。

今回のソレイマニ司令官殺害と、イラン側の米軍基地への反撃は、その直後に起きた。まことに残念である。私は信仰ある人々間の戦争は望んでいない。信仰の違いを説明するのは、私自身の使命だとも考えている。

ソレイマニ司令官は高潔《こうけつ》な魂を持っている。またトランプ大統領が、アメリカ復興《ふっこう》の祖として送り出された神のメッセンジャーの一人であることも疑いない。世界の平和をクリエイトしていくのが幸福の科学の使命だと確信している。我々は「鋼鉄の心」を持たねばなるまい。

二〇二〇年　一月十日

幸福《こうふく》の科学《かがく》グループ創始者兼総裁《そうししゃけんそうさい》　大川隆法《おおかわりゅうほう》

『アメリカには見えない　イランの本心』関連書籍

『太陽の法』（大川隆法 著　幸福の科学出版刊）

『信仰の法』（同右）

『日本の使命』（同右）

『リーダー国家 日本の針路』（同右）

『イギリス・イランの転換点について――ジョンソン首相・ロウハニ大統領・

ハメネイ師・トランプ大統領守護霊の霊言――』（同右）

『イランの反論　ロウハニ大統領・ハメネイ師 守護霊、

ホメイニ師の霊言』（同右）

『マララの守護霊メッセージ』（同右）

『硫黄島 栗林忠道中将の霊言　日本人への伝言』（同右）

『沖縄戦の司令官・牛島満中将の霊言』（同右）

アメリカには見《み》えない　イランの本心《ほんしん》

―ハメネイ師守護霊・ソレイマニ司令官の霊言―

2020年1月11日　初版第1刷

著　者　大《おお》川《かわ》隆《りゅう》法《ほう》

発行所　幸福の科学出版株式会社

〒107-0052 東京都港区赤坂2丁目10番8号
TEL(03)5573-7700
https://www.irhpress.co.jp/

印刷・製本　株式会社 研文社

落丁・乱丁本はおとりかえいたします

ISBN978-4-8233-0145-2 C0030

カバー，大扉 Olgastocker/Shutterstock.com
帯 提供：IRANIAN LEADER PRESS OFFICE/Abaca/ アフロ
装丁・イラスト・写真（上記・パブリックドメインを除く）© 幸福の科学

大川隆法霊言シリーズ・緊迫する中東情勢を読む

イランの反論
ロウハニ大統領・ハメネイ師守護霊、ホメイニ師の霊言

なぜアメリカは、イランをテロ支援国家に仕立てるのか。イランの国家指導者たちの霊言、守護霊霊言を通して、混迷する中東情勢の真相と黒幕に迫る。

1,400円

イギリス・イランの転換点について

英語霊言
英日対訳

ジョンソン首相・ロウハニ大統領・ハメネイ師・トランプ大統領守護霊の霊言

ＥＵ離脱でイギリスは復活するのか？米とイランの和解はあるのか？ 各国の首脳に本心を訊く！ 安倍首相・グレタ氏守護霊、ガイアの霊言を同時収録。

1,400円

イエス　ヤイドロン　トス神の霊言

神々の考える現代的正義

香港デモに正義はあるのか。LGBTの問題点とは。地球温暖化は人類の危機なのか。中東問題の解決に向けて。神々の語る「正義」と「未来」が人類に示される。

1,400円

※表示価格は本体価格（税別）です。

大川隆法霊言シリーズ・世界の政治指導者の本心

守護霊インタビュー トランプ大統領の決意

北朝鮮問題の結末とその先のシナリオ

英語霊言 英日対訳

“宥和《ゆうわ》ムード”で終わった南北会談。トランプ大統領は米朝会談を控え、いかなるビジョンを描くのか。今後の対北朝鮮戦略のトップシークレットに迫る。

1,400円

「日露平和条約」を決断せよ

メドベージェフ首相&プーチン大統領 守護霊メッセージ

「北朝鮮・中国の核兵器を無力化できる」。ロシアの2トップが、失敗続きの安倍外交に最終提案。終結していない戦後の日露、今がラストチャンス！

1,400円

断末魔の文在寅 韓国大統領守護霊の霊言

徴用工の賠償金請求、GSOMIAの破棄など、アジア情勢を混乱させる文在寅大統領の思考回路を読む。南北統一による核保有、そして、日本侵略の“夢”を語る。

1,400円

※表示価格は本体価格(税別)です。

習近平守護霊 ウイグル弾圧を語る

ウイグル"強制収容所"の実態、チャイナ・マネーによる世界支配戦略、宇宙進出の野望──。暴走する独裁国家の狙いを読み、人権と信仰を護るための道を示す。

1,400円

文在寅守護霊 vs. 金正恩守護霊

南北対話の本心を読む

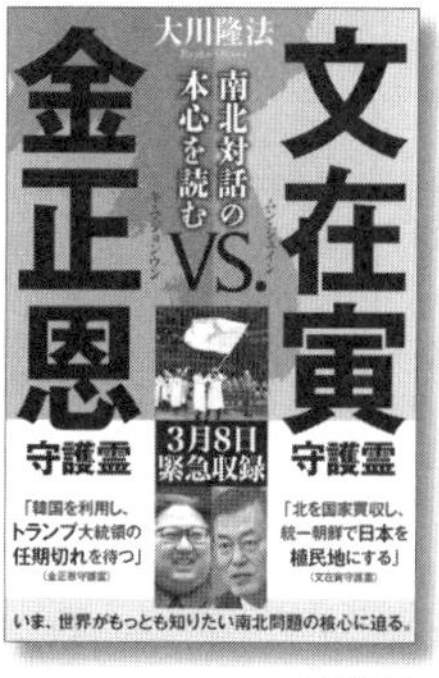

南北首脳会談で北朝鮮は非核化されるのか？ 南北統一、対日米戦略など、宥《ゆう》和《わ》路線で世界を欺く両首脳の本心とは。外交戦略を見直すための警鐘の一冊。

1,400円

自由のために、戦うべきは今

習近平 vs. アグネス・チョウ 守護霊霊言

今、民主化デモを超えた「香港革命」が起きている。アグネス・チョウ氏と習近平氏の守護霊霊言から、「神の正義」を読む。天草四郎の霊言等も同時収録。

1,400円

大川隆法ベストセラーズ・世界に真なる正義を

いま求められる世界正義

The Reason We Are Here
私たちがここにいる理由

英語説法
英日対訳

カナダ・トロントで2019年10月6日（現地時間）に行われた英語講演を収録。香港デモや中国民主化、地球温暖化、LGBT等、日本と世界の進むべき方向を示す。

1,500円

自由・民主・信仰の世界

日本と世界の未来ビジョン

国民が幸福であり続けるために──。未来を拓くための視点から、日米台の関係強化や北朝鮮問題、日露平和条約などについて、日本の指針を明示する。

1,500円

愛は憎しみを超えて

中国を民主化させる
日本と台湾の使命

中国に台湾の民主主義を広げよ──。この「中台問題」の正論が、第三次世界大戦の勃発をくい止める。台湾と名古屋での講演を収録した著者渾身の一冊。

1,500円

※表示価格は本体価格（税別）です。

大川隆法「法シリーズ」・**最新刊**

鋼鉄の法

法シリーズ 第26作

人生をしなやかに、力強く生きる

自分を鍛え抜き、迷いなき心で、闇を打ち破れ──。

人生の苦難から日本と世界が直面する難題まで、さまざまな試練を乗り越えるための方法が語られる。

2,000円

第1章　繁栄を招くための考え方
──マインドセット編

第2章　原因と結果の法則
──相応の努力なくして成功なし

第3章　高貴なる義務を果たすために
──価値を生んで他に貢献する「人」と「国」のつくり方

第4章　人生に自信を持て
──「心の王国」を築き、「世界の未来デザイン」を伝えよ

第5章　救世主の願い
──「世のために生き抜く」人生に目覚めるには

第6章　奇跡を起こす力
──透明な心、愛の実践、祈りで未来を拓け

幸福の科学の中心的な教え──「法シリーズ」

全国書店にて好評発売中！

心の闇を、打ち破る。
心霊喫茶
「エクストラ」の秘密
—THE REAL EXORCIST—
製作総指揮・原作／大川隆法
千眼美子
伊良子未来 希島凛 日向丈 長谷川奈央 大浦龍宇一 芦川よしみ 折井あゆみ
監督／小田正鏡 脚本／大川咲也加 音楽／水澤有一 製作／幸福の科学出版 製作協力／ARI Production ニュースター・プロダクション
制作プロダクション／ジャンゴフィルム 配給／日活 配給協力／東京テアトル ©2020 IRH Press cafe-extra.jp
2020年5月15日(金) ロードショー

幸福の科学グループのご案内

宗教、教育、政治、出版などの活動を通じて、地球的ユートピアの実現を目指しています。

幸福の科学

一九八六年に立宗。信仰の対象は、地球系霊団の最高大霊、主エル・カンターレ。世界百カ国以上の国々に信者を持ち、全人類救済という尊い使命のもと、信者は、「愛」と「悟り」と「ユートピア建設」の教えの実践、伝道に励んでいます。

（二〇二〇年一月現在）

愛

幸福の科学の「愛」とは、与える愛です。これは、仏教の慈悲《じひ》や布施《ふせ》の精神と同じことです。信者は、仏法真理をお伝えすることを通して、多くの方に幸福な人生を送っていただくための活動に励んでいます。

悟り

「悟り」とは、自らが仏の子であることを知るということです。教学《きょうがく》や精神統一によって心を磨き、智慧《ちえ》を得て悩みを解決すると共に、天使・菩薩《ぼさつ》の境地を目指し、より多くの人を救える力を身につけていきます。

ユートピア建設

私たち人間は、地上に理想世界を建設するという尊い使命を持って生まれてきています。社会の悪を押しとどめ、善を推し進めるために、信者はさまざまな活動に積極的に参加しています。

国内外の世界で貧困や災害、心の病で苦しんでいる人々に対しては、現地メンバーや支援団体と連携して、物心両面にわたり、あらゆる手段で手を差し伸べています。

年間約２万人の自殺者を減らすため、全国各地で街頭キャンペーンを展開しています。

公式サイト **www.withyou-hs.net**

ヘレン・ケラーを理想として活動する、ハンディキャップを持つ方とボランティアの会です。視聴覚障害者、肢体不自由な方々に仏法真理を学んでいただくための、さまざまなサポートをしています。

公式サイト **www.helen-hs.net**

入会のご案内

幸福の科学では、大川隆法総裁が説く仏法真理《ぶっぽうしんり》をもとに、「どうすれば幸福になれるのか、また、他の人を幸福にできるのか」を学び、実践しています。

入会

仏法真理を学んでみたい方へ

大川隆法総裁の教えを信じ、学ぼうとする方なら、どなたでも入会できます。入会された方には、『入会版「正心法語《しょうしんほうご》」』が授与されます。

ネット入会　入会ご希望の方はネットからも入会できます。

happy-science.jp/joinus

三帰《さんき》誓願《せいがん》

信仰をさらに深めたい方へ

仏弟子としてさらに信仰を深めたい方は、仏《ぶっ》・法《ぽう》・僧《そう》の三宝《さんぽう》への帰依を誓う「三帰誓願式」を受けることができます。三帰誓願者には、『仏説・正心法語』『祈願文《きがんもん》①』『祈願文②』『エル・カンターレへの祈り』が授与されます。

幸福の科学 サービスセンター
TEL 03-5793-1727
受付時間／
火～金：10～20時
土・日祝：10～18時
（月曜を除く）

幸福の科学 公式サイト
happy-science.jp

ハッピー・サイエンス・ユニバーシティ

Happy Science University

ハッピー・サイエンス・ユニバーシティとは

ハッピー・サイエンス・ユニバーシティ（HSU）は、大川隆法総裁が設立された「現代の松下村塾」であり、「日本発の本格私学」です。建学の精神として「幸福の探究と新文明の創造」を掲げ、チャレンジ精神にあふれ、新時代を切り拓く人材の輩出を目指します。

人間幸福学部　経営成功学部　未来産業学部

HSU長生キャンパス TEL **0475-32-7770**

〒299-4325　千葉県長生郡長生村一松丙 4427-1

未来創造学部

HSU未来創造・東京キャンパス

TEL **03-3699-7707**

〒136-0076　東京都江東区南砂2-6-5　公式サイト **happy-science.university**

学校法人 幸福の科学学園

学校法人 幸福の科学学園は、幸福の科学の教育理念のもとにつくられた教育機関です。人間にとって最も大切な宗教教育の導入を通じて精神性を高めながら、ユートピア建設に貢献する人材輩出を目指しています。

幸福の科学学園

中学校・高等学校（那須本校）

2010年4月開校・栃木県那須郡（男女共学・全寮制）

TEL **0287-75-7777** 公式サイト **happy-science.ac.jp**

関西中学校・高等学校（関西校）

2013年4月開校・滋賀県大津市（男女共学・寮及び通学）

TEL **077-573-7774** 公式サイト **kansai.happy-science.ac.jp**

仏法真理塾「サクセスNo.1」

全国に本校・拠点・支部校を展開する、幸福の科学による信仰教育の機関です。小学生・中学生・高校生を対象に、信仰教育・徳育にウエイトを置きつつ、将来、社会人として活躍するための学力養成にも力を注いでいます。

TEL 03-5750-0751（東京本校）

エンゼルプランV　TEL 03-5750-0757

幼少時からの心の教育を大切にして、信仰をベースにした幼児教育を行っています。

不登校児支援スクール「ネバー・マインド」　TEL 03-5750-1741

心の面からのアプローチを重視して、不登校の子供たちを支援しています。

ユー・アー・エンゼル！（あなたは天使！）運動

一般社団法人 ユー・アー・エンゼル　TEL 03-6426-7797

障害児の不安や悩みに取り組み、ご両親を励まし、勇気づける、障害児支援のボランティア運動を展開しています。

NPO活動支援

いじめから子供を守ろうネットワーク

学校からのいじめ追放を目指し、さまざまな社会提言をしています。また、各地でのシンポジウムや学校への啓発ポスター掲示等に取り組む一般財団法人「いじめから子供を守ろうネットワーク」を支援しています。

公式サイト mamoro.org　ブログ blog.mamoro.org

相談窓口 TEL.03-5544-8989

百歳まで生きる会

「百歳まで生きる会」は、生涯現役人生を掲げ、友達づくり、生きがいづくりをめざしている幸福の科学のシニア信者の集まりです。

シニア・プラン21

生涯反省で人生を再生・新生し、希望に満ちた生涯現役人生を生きる仏法真理道場です。定期的に開催される研修には、年齢を問わず、多くの方が参加しています。

全世界213カ所（国内198カ所、海外15カ所）で開校中。

【東京校】TEL 03-6384-0778　FAX 03-6384-0779

メール senior-plan@kofuku-no-kagaku.or.jp

幸福実現党

内憂外患《ないゆうがいかん》の国難に立ち向かうべく、2009年5月に幸福実現党を立党しました。創立者である大川隆法党総裁の精神的指導のもと、宗教だけでは解決できない問題に取り組み、幸福を具体化するための力になっています。

党の機関紙
「幸福実現NEWS」

幸福実現党 釈量子サイト **shaku-ryoko.net**
Twitter **釈量子@shakuryoko**で検索

幸福実現党 党員募集中

あなたも幸福を実現する政治に参画しませんか。

○幸福実現党の理念と綱領、政策に賛同する18歳以上の方なら、どなたでも参加いただけます。

○党費:正党員（年額5千円［学生 年額2千円］）、特別党員（年額10万円以上）、家族党員（年額2千円）

○党員資格は党費を入金された日から1年間です。

○正党員、特別党員の皆様には機関紙「幸福実現NEWS（党員版）」（不定期発行）が送付されます。

＊申込書は、下記、幸福実現党公式サイトでダウンロードできます。
住所:〒107-0052　東京都港区赤坂2-10-8 6階 幸福実現党本部
TEL **03-6441-0754**　FAX **03-6441-0764**
公式サイト **hr-party.jp**

幸福の科学出版

大川隆法総裁の仏法真理の書を中心に、ビジネス、自己啓発、小説など、さまざまなジャンルの書籍・雑誌を出版しています。他にも、映画事業、文学・学術発展のための振興事業、テレビ・ラジオ番組の提供など、幸福の科学文化を広げる事業を行っています。

アー・ユー・ハッピー？
are-you-happy.com

ザ・リバティ
the-liberty.com

幸福の科学出版
TEL **03-5573-7700**
公式サイト **irhpress.co.jp**

THE FACT

ザ・ファクト
マスコミが報道しない
「事実」を世界に伝える
ネット・オピニオン番組

ザ・ファクト 検索

NEW STAR PRODUCTION

ニュースター・プロダクション

「新時代の美」を創造する芸能プロダクションです。多くの方々に良き感化を与えられるような魅力あふれるタレントを世に送り出すべく、日々、活動しています。公式サイト **newstarpro.co.jp**

ARI Production

ARI《アリ》 Production《プロダクション》

タレント一人ひとりの個性や魅力を引き出し、「新時代を創造するエンターテインメント」をコンセプトに、世の中に精神的価値のある作品を提供していく芸能プロダクションです。公式サイト **aripro.co.jp**